Miriam Dornemann • Malwina Ulrych

Nuevos
Bolsos
de tela
con diseños fantásticos

En este libro encontrarán al acompañante perfecto para pasear por Savannah, St. Tropez, Berlín, Guiza, Ámsterdam o Casablanca. Viajen a los lugares más hermosos del mundo y descubran nuestra fantástica variedad de bolsos. Estos fascinantes modelos, confeccionados con preciosas telas de algodón, loneta, fieltro, terciopelo y tela vaquera son el accesorio perfecto para cualquier ocasión. Desde informal a romántico, aquí encontrarán el bolso adecuado para todos los estilos. Hemos pensado también en su pareja, por eso en el libro se incluyen modelos unisex y también hay modelos en pequeño tamaño para los niños. ¡Así podrán confeccionar bolsos fantásticos para sus seres queridos!

Incluyo en las instrucciones generales información importante sobre los distintos tipos de telas, su tratamiento y corte y las herramientas auxiliares. También encontrarán nuevas ideas para hacer prácticos bolsillos interiores, asas planas resistentes y flores decorativas. Antes de empezar a coser un bolso recomiendo leer estas instrucciones especialmente a los principiantes en labores de costura; quienes ya tienen experiencia encontrarán además numerosos consejos, instrucciones y valiosos trucos.

Espero que disfruten eligiendo y confeccionando su fantástico bolso personalizado.

Miriam Dornemann

Malwina Ulrych

Un maletín de trabajo en el que guardar los documentos, un refinado y colorido bolso de paseo o uno resistente para ir de compras. Las mujeres necesitan muchos bolsos. En este capítulo encontrarán bolsos de mano grandes y pequeños, de diferentes formas y colores. Estos modernos accesorios les acompañarán a todas partes: a la oficina, a la playa o al encantador restaurante italiano de la esquina.

Los bolsos preferidos de las mujeres

Savannah
Página 20

St. Tropez
Página 22

Boston
Página 24

Casablanca

Página 27

Florencia
Página 30

París

Página 32

Marrakech
Página 34

Venecia
Página 36

Milán
Página 38

Ámsterdam
Página 40

Montecarlo

Página 44

Bolso sencillo *Savannah*

GRADO DE DIFICULTAD 2

TAMAÑO

30 x 27 x 16 cm aprox.

MATERIALES

Tela exterior: tela vaquera de color azul a rayas,
de 110 x 50 cm

Tela de forro: tela de algodón de color azul,
de 110 x 50 cm

Entretela termoadhesiva: fliselina H 250 y H 630,
de 100 x 50 cm cada una

Cremallera de doble sentido de color azul oscuro,
de 70 cm de largo

Cuero de color marrón, de 50 x 30 cm

Cinta para cinturones de algodón, de 3 cm de ancho
y 120 cm de largo

Pegamento de contacto

PLIEGO DE PATRONES A

Tela exterior	Patrón "bolso" x 2, cortado siguiendo la raya de la tela
	Patrón "base" x 1
	Tira de refuerzo para el asa x 2, de 12 x 6 cm
Tela de forro	Patrón "bolso" x 2, cortado siguiendo la raya de la tela
	Patrón "base" x 1
Entretela termoadhesiva	Patrón "bolso" x 2, cortado siguiendo la raya de la tela
	Patrón "base" x 2
Cuero	Patrón "cuero" x 2, cortado siguiendo la raya de la tela
	Patrón "fijador de la cinta para cinturones" x 4

MÁRGENES DE COSTURA

Cortar todas las piezas de tela con 1 cm de margen de costura. Cortar las piezas de entretela sin añadir margen de costura. Cortar el margen de costura en aquellas piezas de tela que van cosidas sobre otra tela; por ejemplo, en el canto superior de la pieza de cuero o en los fijadores de las asas.

INSTRUCCIONES

1... Reforzar la parte trasera de la tela con fliselina (ver la página 101). Primero fijar el cuero en las piezas del bolso con pegamento de contacto y después pespuntearlo a lo largo del canto superior, casi al ras del canto. Unir con pegamento de contacto las piezas de la base de tela exterior y el cuero, revés con revés. La base obtiene una estabilidad adicional gracias a esta doble capa.

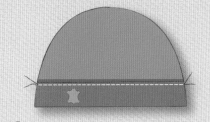

2.... Alinear, derecho con derecho, las piezas del bolso de tela exterior y coser juntos los lados hasta el borde superior del cuero. Disminuir el grosor de las costuras mediante presión o dando unos golpecitos.

3... Colocar, derecho con derecho, las piezas del bolso sobre la pieza de la base y fijarlas a la base prendiendo alfileres en las marcas. Fijar también con alfileres las áreas intermedias. Hay que tratar de pinchar los alfileres solo en el borde del cuero, para evitar agujeros antiestéticos. A continuación, coser a máquina las piezas laterales en la base, siguiendo las instrucciones de costura de esquinas de la página 104.

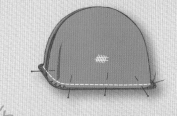

4... Dejar el bolso del revés y prender con alfileres un lado de la cremallera sobre el arco superior del bolso. El tirador de la cremallera queda por el lado de la tela y el borde exterior de la cremallera, por fuera. Coser a lo largo de la curvatura y proceder de igual modo por el otro lado. Después volver el bolso del derecho.

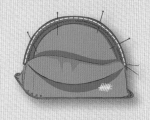

5... Trabajar la tela de forro como se describe en los pasos 2 a 4, pero sin darle la vuelta del derecho. Doblar 1 cm hacia fuera el borde superior aún abierto. Seguidamente introducir el bolso de tela de forro dentro del bolso de tela exterior vuelto del derecho. Coser a mano el forro por el lado interior de la cremallera.

6... Doblar dos veces del revés los lados cortos de las piezas de tela de refuerzo para las asas y coser a máquina. Seguidamente, doblar las piezas a lo largo por la mitad —los lados del derecho quedan ahora por el interior— y coser el borde exterior. Volver del derecho los refuerzos para las asas. Dividir la cinta para cinturones en dos trozos de 60 cm de longitud, montar los refuerzos para las asas en la cinta para cinturones y fijar con algunas puntadas en la mitad del asa. Coser los extremos de la cinta para cinturones en el borde superior del bolso (ver la marca) y seguidamente coser las piezas "fijador de la cinta para cinturones" de cuero sobre los extremos de la cinta para cinturones, como refuerzos.

7... Confeccionar la flor de cremallera siguiendo las instrucciones de la página 109 y coserla a mano en el bolso.

Bolso refinado *St. Tropez*

GRADO DE DIFICULTAD 2

TAMAÑO
28 x 15 cm

MATERIALES
BOLSO MOTEADO
Tela exterior 1: tela de algodón de color verde y blanco moteado, de 50 x 50 cm

Tela exterior 2: tela de algodón de color rojo oscuro, de 50 x 15 cm

Tela de forro: tela de algodón de color verde y blanco moteado, de 50 x 50 cm

Entretela termoadhesiva: fliselina H 250, de 40 x 20 cm

Cremallera de color blanco, de 30 cm de largo

Enganche de mosquetón, de 1 cm de ancho

Anilla con forma de D, de 1 cm de ancho

Ballena de plástico, de 5 mm de ancho y 60 cm de largo (artículos de corsetería)

BOLSO CON FLORES
Tela exterior: tela de algodón con flores de color turquesa, rosa y verde, de 50 x 50 cm

Tela de forro: tela de algodón de color verde, de 50 x 50 cm

Entretela termoadhesiva: fliselina H 250, de 40 x 20 cm

Cremallera de color verde, de 30 cm de largo

Ballena de plástico, de 5 mm de ancho y 60 cm de largo (artículos de corsetería)

PLIEGO DE PATRONES A

Consejo

Para hacer las flores rojas, seguir las instrucciones y los materiales de la página 108.

MÁRGENES DE COSTURA

Cortar todas las piezas de tela con 1 cm de margen de costura. Cortar la entretela sin añadir margen de costura.

INSTRUCCIONES

1... Planchar la pieza de entretela colocada sobre el reverso de las piezas superiores del bolso. Colocar, en forma de pliegues, los cantos superiores de las piezas "bolso"; para ello, alinear superpuestas las marcas del borde exterior y prender todo con alfileres.
Para el bolso moteado, plegar las tiras de tela roja a lo largo y colocarlas formando pliegues, según el patrón. Después colocar estas tiras de tela sobre el lado del derecho de las piezas "bolso". Poner encima, derecho con derecho, las piezas superiores del bolso. El borde curvado señala hacia la pieza "bolso". Ahora quedan superpuestos cuatro cantos de tela abiertos. Coser juntas las telas por los bordes superiores.

Tela exterior 1	Patrón "pieza superior" x 2, cortado siguiendo la raya de la tela
	Patrón "bolso" x 2, cortado siguiendo la raya de la tela
	Tira para la correa x 1, de 25 x 2 cm (solo para el bolso moteado)
	Tira para el fijador de la anilla con forma de D x 1, de 10 x 2 cm (solo para el bolso moteado)
Tela exterior 2	Patrón "volante" x 2 (solo para el bolso moteado)
Tela de forro	Patrón "pieza superior" x 2, cortado siguiendo la raya de la tela
	Patrón "bolso" x 2, cortado siguiendo la raya de la tela
Entretela termoadhesiva	Patrón "pieza superior" x 2, cortado siguiendo la raya de la tela

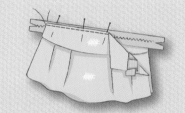

3... Coser ahora las dos piezas del bolso y la cremallera. Doblar las dos capas de tela en la costura. A continuación, siguiendo el mismo principio, coser las dos piezas del bolso de tela exterior y de tela de forro que quedan en el otro lado de la cremallera. El tirador sigue quedando por el lado de la tela exterior. Cortar dos trozos de ballena de 27 cm y coserlos a mano en el margen de costura.

4... Disponer las piezas del bolso de modo que la cremallera quede emplazada en el centro. En un lado se sitúan las piezas de tela exterior, derecho con derecho, y en el otro lado, también derecho con derecho, las piezas de tela de forro. Abrir la cremallera para que luego resulte más fácil dar la vuelta al bolso. Cerrar los laterales y las costuras de la base, dejando una abertura por el lado de la tela de forro para dar la vuelta. Seguidamente dar la vuelta al bolso a través de esta abertura, cerrarla con una costura a mano e introducir el forro dentro del bolso.

5... Confeccionar la flor de tela siguiendo las instrucciones de la página 108 y fijarla en el bolso.

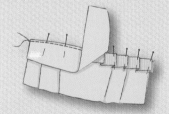

2... Formar igualmente cuatro pliegues en las piezas del bolso de forro y prender con alfileres; después coser todo, derecho con derecho, en las piezas superiores de tela de forro. Alinear, derecho con derecho, cada pieza del bolso de tela exterior con cada pieza del bolso de tela de forro. A continuación, emplazar la cremallera en el canto superior, entre las dos capas de tela, según muestra la figura; el tirador de la cremallera debe quedar en el lado de la tela exterior.

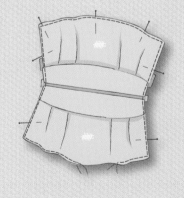

Consejo

Las ballenas se utilizan para reforzar las prendas de corsetería. Antiguamente se elaboraban a partir las "barbas" o láminas bucales de las ballenas, pero en la actualidad se hacen de plástico. Con estas varillas se refuerzan muy bien pequeños bolsos como estos, de una gran anchura, que necesitan un poco de sujeción.

Bolso práctico *Boston*

GRADO DE DIFICULTAD 3

TAMAÑO
50 x 34 x 10 cm

MATERIALES
Tela exterior 1: tela de algodón de color gris con flores, de 80 x 40 cm

Tela exterior 2: tela de algodón de color amarillo con diseños geométricos, de 40 x 40 cm

Tela exterior 3: tela de algodón de color gris con ornamentos, de 40 x 25 cm

Tela exterior 4: tela de algodón de color gris, de 70 x 25 cm

Tela de forro1: tela de algodón de color amarillo con diseños geométricos, de 110 x 40 cm

Tela de forro 2: tela de algodón de color gris, de 40 x 35 cm

Entretela termoadhesiva 1: fliselina S 520, de 75 x 50 cm

Entretela termoadhesiva 2: fliselina H 630, de 80 x 50 cm

Entretela termoadhesiva 3: fliselina H 250, de 70 x 30 cm

Cremallera de color gris, de 50 cm de largo

Velcro, de 3 x 2 cm

2 botones simples (para forrar), de 1,9 cm Ø

Aguja de bordar e hilo de bordar de color gris

PLIEGO DE PATRONES B

MÁRGENES DE COSTURA

Cortar las piezas del pliego de patrones añadiendo 1 cm de margen de costura. En los rectángulos y las tiras de tela, el margen de costura viene incluido en las medidas indicadas. Cortar la entretela sin añadir margen de costura.

INSTRUCCIONES

1... Primero preparar las piezas del bolso; para ello, planchar las piezas de entretela termoadhesiva 1 colocadas sobre el revés de las correspondientes piezas de tela exterior. Proceder igual con la entretela termoadhesiva 2, situada sobre las correspondientes piezas de tela de forro 1. Prestar atención a la dirección del dibujo de la tela.

2... Realizar ahora los bolsillos frontales: planchar las piezas de entretela termoadhesiva 3 colocadas sobre el revés de las correspondientes piezas de tela exterior 3. Seguidamente ponerlas, derecho con derecho, sobre las piezas correspondientes de tela de forro 2 y coser todo junto; dejar una abertura para dar la vuelta en el canto alargado superior. Dar la vuelta a la tela, alisar con la plancha y coser la abertura. A continuación, doblar la tela según se muestra en la figura. Colocar ambos bolsillos a unos 8 o 9 cm por debajo del canto superior de una pieza del bolso de tela exterior, prender con alfileres y coser.

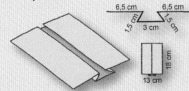

3... Reforzar las solapas de los bolsillos de tela exterior 2 aplicando las piezas correspondientes de entretela termoadhesiva 3; situarlas, derecho con derecho, sobre las piezas

Tela exterior 1	Patrón "bolso" x 2
	Rectángulo para el bolsillo plano (lado del reverso) x 1, de 38 x 20 cm
Tela exterior 2	Patrón "solapa" x 2
	Rectángulo para el bolsillo alto (lado del reverso) x 1, de 38 x 29 cm
Tela exterior 3	Rectángulo para los bolsillos frontales x 2, de 20 x 21 cm
	Tira para el borde del bolso x 2, de 52 x 6 cm
Tela exterior 4	Tira para el asa x 2, de 70 x 6 cm
	Rectángulo para el remate del asa x 4, de 5 x 4 cm
Tela de forro 1	Patrón "bolso" x 2
Tela de forro 2	Patrón "solapa" x 2
	Rectángulo para los bolsillos frontales x 2, de 20 x 21 cm
Entretela termoadhesiva 1	Patrón "Boston" x 2
Entretela termoadhesiva 2	Patrón "bolso" x 2
	Borde del bolso x 2, de 4 x 50 cm
Entretela termoadhesiva 3	Patrón "solapa" x 2
	Rectángulo para los bolsillos frontales x 2, de 18 x 19 cm
	Rectángulo para el remate del asa x 4, de 5 x 4 cm
	Tira para el asa x 2, de 70 x 4 cm

correspondientes de tela de forro 2 y coser todo junto, dejando una abertura para dar la vuelta. Dar la vuelta a la tela y alisar con la plancha. Realizar un ojal para el botón de 2,5 cm de largo en el centro de la solapa del bolsillo. Posicionar las solapas sobre los bolsillos frontales cosidos, prender con alfileres y coser.

Forrar los botones con tela de forro 2. Marcar la posición exacta del botón con jaboncillo de sastre y coser el botón. La parte delantera del bolso está terminada.

4... Realizar ahora los bolsillos de la trasera del bolso. El bolsillo plano se puede cortar de modo que su dibujo quede integrado en el dibujo de la trasera del bolso. En primer lugar, rematar el canto superior de cada rectángulo: plegar el canto superior de cada rectángulo dos veces unos 7 mm de ancho, alisar con la plancha y pespuntear.

Alinear el bolsillo plano, derecho con revés, sobre el bolsillo alto —los cantos inferiores casan exactamente— y coserlos unidos por el canto inferior. Después doblar el rectángulo plano, de modo que los dos lados del derecho queden arriba. Ahora se puede seguir dividiendo más el bolsillo plano: prender con alfileres dos separaciones verticales y pespuntearlas; de este modo se obtienen tres compartimentos estrechos. Doblar luego los cantos laterales dos veces, planchar y pespuntear. Coser un trozo de velcro en el reverso del bolsillo alto, justo en el centro del canto superior.

5 ... Colocar el bolsillo con compartimentos a una distancia de unos 4 cm del canto superior del reverso del bolso. Marcar la posición del velcro y coser otro trozo. Después coser los cantos inferiores y laterales del bolsillo con compartimentos.

6 ... Ribetear el canto superior de las dos piezas del bolso exterior. Para ello, colocar la tira ceñida al canto superior, derecho con derecho, prender con alfileres y pespuntear exactamente sobre el extremo de la entretela termoadhesiva fuerte. Planchar después la tira de entretela con volumen correspondiente, colocada justo por encima de la costura, sobre la tira gris. Planchar el margen de costura.

7 ... Reforzar las asas de tela exterior 3 con las piezas de entretela correspondiente y coserlas según las instrucciones de la página 107. Coser las asas en las zonas marcadas, sobre la tela exterior. Montar los remates de las asas sobre las zonas de unión, reforzándolos previamente con entretela termoadhesiva: recortar la entretela, plancharla colocada sobre el reverso de la tela y planchar los márgenes de costura doblados hacia dentro. Después fijar, con hilo de bordar gris, los trozos de tela sobre los extremos de las asas.

8 ... A continuación, coser juntas todas las piezas. Primero colocar la parte delantera del bolso, con el lado del derecho hacia arriba. Emplazar ahora la cremallera, que queda ceñida arriba, con el tirador por el lado de la tela exterior. Colocar encima la tela de forro con el lado del derecho hacia abajo, fijar las tres capas con alfileres y coserlas en la cremallera, cerca de los dientes, teniendo cuidado de no atrapar las asas en la costura.

9 ... Doblar las piezas de tela de modo que queden revés con revés y la cremallera vuelva a ser visible. Alinear la segunda pieza exterior, derecho con derecho, sobre la primera pieza exterior. La segunda pieza del forro queda igualmente alineada, derecho con derecho, sobre la primera pieza del forro. Los cantos superiores vuelven a estar ceñidos a la cremallera. Prender con alfileres las tres capas en el canto superior y coserlas juntas cerca de la cremallera. Abrir esta antes de coser las capas de tela, de lo contrario después no es posible dar la vuelta a la labor.

10 ... Seguidamente disponer todo de modo que la cremallera quede emplazada en el centro, las dos piezas del forro en un lado (derecho con derecho) y las dos piezas exteriores del bolso en el otro lado (también derecho con derecho). Prender con alfileres todos los lados. Pespuntear las piezas exteriores del bolso por los laterales y el canto inferior. Dejar libre la pinza en las esquinas. Coser de igual modo las piezas del forro, pero dejando en el canto inferior una abertura amplia para dar la vuelta. Colocar en las cuatro esquinas la costura lateral sobre la costura de la base y coser las pequeñas pinzas laterales.

11 ... Dar la vuelta al bolso a través de la abertura del forro; resultará un poco más difícil debido a la entretela termoadhesiva fuerte, por lo que se recomienda proceder con cuidado y paciencia. Después alisar con la plancha todas las piezas; en caso necesario, deslizar una revista gruesa por la abertura para dar la vuelta, como herramienta auxiliar para planchar. Planchar la abertura para dar la vuelta y coserla. Luego insertar la pieza del forro en el interior del bolso. Doblar la tira gris de contraste por la mitad, a lo largo, de modo que la cremallera se deslice un poco hacia dentro y quede oculta; por último, coser con un punto de hilván decorativo (ver la página 111).

Bolso llamativo *Casablanca*

Tela exterior 1	Rectángulo para la parte exterior x 1, de 87 x 37 cm
	Patrón "base" x 1
	Tira para el borde del bolso x 1, de 87 x 7 cm
	Tira central x 1, de 87 x 8 cm
Tela exterior 2	Tira para la correa x 1, de 85 x 10 cm
	Rectángulo para la borla x 2, de 31 x 11 cm cada uno
	Tira para el cordón x 1, de 70 x 3,5 cm
	Patrón "bolso" x 1
Tela de forro 1	Patrón "forro" x 1, de 87 x 37 cm
	Cuadrado para el bolsillo interior abierto x 1, de 23 x 23 cm
Tela de forro 2	Rectángulo para el bolsillo interior oculto x 1, de 22 x 50 cm
Entretela termoadhesiva 1	Pieza exterior/forro x 2, de 85 x 35 cm
	Tira central x 1, de 85 x 6 cm
	Tira para la correa x 1, de 76 x 4 cm
Entretela termoadhesiva 2	Patrón "base" x 1
	Tira para el borde del bolso x 1, de 85 x 5 cm

MÁRGENES DE COSTURA

Cortar las piezas del pliego de patrones añadiendo 1 cm de margen de costura. En los cuadrados, los rectángulos y las tiras de tela, el margen de costura viene incluido en las medidas indicadas. Cortar la entretela sin añadir margen de costura.

GRADO DE DIFICULTAD 2

TAMAÑO
30 x 38 x 22 cm

MATERIALES
Tela exterior 1: tela de algodón de color rojo con estampado de cachemir, de 90 x 40 cm

Tela exterior 2: tela de algodón de color violeta, de 90 x 60 cm

Tela de forro1: tela de algodón de color caña con diseños geométricos, de 90 x 70 cm

Tela de forro 2: tela de algodón de color violeta, de 50 x 25 cm

Entretela termoadhesiva 1: fliselina H 250, de 90 x 80 cm

Entretela termoadhesiva 2: Decovil I, de 90 x 30 cm

Cremallera de color violeta, de 15 cm de largo

8 arandelas doradas, de 1,4 cm Ø

PLIEGO DE PATRONES B

INSTRUCCIONES

1... Aplicar con la plancha las piezas de entretela termoadhesiva 1 colocadas sobre las piezas de tela exterior y de tela de forro correspondientes.

Después colocar la tira central, derecho con derecho, en un canto alargado de la parte exterior y coser. Coser el forro en el otro lado alargado de esta tira central. Alisar con la plancha los márgenes de costura.

2... Montar el bolsillo interior abierto en el forro. Para ello, rematar antes todos los lados de la pieza de tela (doblar dos veces 7 mm, planchar y pespuntear), colocar el bolsillo sobre el forro, a unos 10 cm de distancia de la tira central, y coserlo por los cantos laterales y el canto inferior. Emplazar, sobre este bolsillo abierto, la cremallera con bolsillo interior oculto (seguir las instrucciones de la página 105), utilizando para ello la pieza de tela de forro 2.

3... A continuación, doblar a lo largo las superficies de tela exterior, tela de forro y tira central cosidas juntas, de modo que las mitades de tela enfrentadas estén alineadas derecho con derecho. Ahora la pieza de tela grande queda con los lados del revés de la tela hacia arriba; en un extremo queda la tela exterior, en el medio la tira central violeta y en el otro extremo la tela de forro. Después prender con alfileres el lado abierto situado enfrente del canto de pliegue y coserlo junto; de este modo se obtiene un tubo de tela. Dejar una abertura para dar la vuelta, de unos 20 cm, en la costura de la tela de forro. Dar la vuelta al tubo de tela de forma que el lado del derecho señale ahora hacia el exterior.

$4...$ Seguidamente trabajar el borde de la base del bolso. Aplicar con la plancha la tira de entretela termoadhesiva 2 colocada sobre la tira de tela correspondiente. Plegar el margen de costura de un lado y planchar. Luego alinear los extremos de la tira, derecho con derecho, y coserlos juntos formando un aro. Dar la vuelta al aro y montarlo a lo largo del canto abierto del tubo de tela, sobre la tela exterior del bolso. Para ello, el dobladillo abierto del aro debe quedar sobre el dobladillo abierto de la tela exterior. Prender con alfileres el aro y pespuntear a lo largo del canto rematado (marcado en color blanco en la figura). Después dar la vuelta al tubo de tela completo.

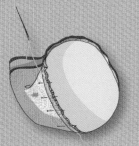

$5...$ Reforzar la pieza de tela de la base con entretela termoadhesiva 2. Prender la entretela con alfileres, derecho con derecho, sobre el extremo del tubo de tela exterior: la marca de la pieza de la base debe coincidir más o menos con la costura del tubo. Hilvanar primero las dos piezas de tela juntas y después pespuntear alrededor.

$6...$ Coser la pieza de la base de tela de forro 1 (sin reforzar) en el extremo del tubo de tela de forro, derecho con derecho. Dar la vuelta a todo a través de la abertura del forro. Planchar la abertura y coserla. Meter hacia dentro la pieza del forro, doblar la tira central por la mitad, planchar y pespuntear a lo largo del canto inferior.

$7...$ A continuación, confeccionar la correa del bolso. Doblar a lo largo la tira de tela correspondiente y pespuntearla a lo largo a 1 cm del canto abierto. Dar la vuelta al tubo de tela obtenido y planchar, de modo que la costura quede en el centro del tubo y el ancho de la correa coincida con el ancho de la entretela termoadhesiva. Doblar los extremos abiertos de la correa dos veces hacia dentro y plancharlos. Pespuntear los extremos en el borde del bolso, colocando este de forma que la costura quede en el centro. Montar la correa en los dos cantos.

$8...$ Fijar las arandelas para el cordón: colocar el bolso en plano y marcar cuatro puntos alrededor, a unos 4 o 5 cm de la tira violeta. Los puntos están separados entre si por una distancia de 10,5 cm. Fijar una arandela en cada uno de estos cuatro puntos, siguiendo las instrucciones del fabricante.

$9...$ Trabajar ahora el cordón para las borlas. Transformar la última tira estrecha de tela de forro 2, confeccionando una cinta al bies de 8 mm de ancho (ver la página 110).

$10...$ Para hacer las borlas de tela, proceder como muestra la figura inferior: doblar 1 cm el canto superior del rectángulo de tela, planchar y pespuntear. Después realizar cortes en el canto opuesto, dejando una distancia de unos 5 mm entre ellos. Enrollar fuerte el canto rematado alrededor de un extremo del cordón y fijar con unas puntadas a mano. Dar forma a los flecos y enfilar el cordón por las arandelas. Por último, fijar la segunda borla terminada en el otro extremo del cordón.

Bolso elegante *Florencia*

GRADO DE DIFICULTAD 2

TAMAÑO
30 x 26 (34 cm con la solapa abierta)

MATERIALES
Tela exterior: terciopelo de color negro,
de 110 x 40 cm

Tela de forro: tela de algodón de color
amarillo con estampado de pájaros,
de 115 x 70 cm

Entretela termoadhesiva: fliselina
H 250, de 75 x 65 cm

Fliselina Vliesofix, restos

Hilo de bordar de color gris y crema

Hilo de coser amarillo

Cremallera de color gris, de 15 cm
de largo

Cierre metálico plateado, de 23 x 8 cm

Cadena metálica plateada, de 60 cm
de largo aprox.

2 enganches de mosquetón plateados,
de 3 cm de largo

Cinta de satén de color negro, de 1 cm
de ancho, 2 trozos de 35 cm de largo

PLIEGO DE PATRONES B

MÁRGENES DE COSTURA

Cortar la pieza del pliego de patrones añadiendo 1 cm de margen de costura. En los rectángulos y las tiras de tela, el margen de costura viene incluido en las medidas indicadas. Cortar la entretela sin añadir margen de costura.

INSTRUCCIONES

1... Aplicar con la plancha la pieza de entretela termoadhesiva colocada sobre la pieza de tela exterior correspondiente.

2... Dibujar la rama sobre el bolsillo exterior, según el patrón, y bordar las líneas con hilo de bordar gris y punto de pespunte. Transferir la aplicación del pájaro sobre el Vliesofix, plancharla sobre tela de forro y recortar. Colocar el motivo sobre la rama bordada y fijarlo con la plancha; después decorar el contorno del pájaro con hilo de coser amarillo y punto de hilván. Bordar el ojo del pájaro con hilo de bordar gris y punto de nudo. Luego bordar las patas y las hojas de la rama con hilo de bordar de color crema y punto de hilván (ver todos los puntos de costura de la página 111).

Tela exterior	Patrón "bolso" x 2
	Patrón "bolsillo exterior" x 1
Tela de forro	Patrón "bolso" x 2
	Patrón "bolsillo exterior" x 1
	Rectángulo para el bolsillo interior oculto x 1, de 42 x 22 cm
	Motivo "pájaro" x 1 (después de aplicar con la plancha la entretela termoadhesiva)
Entretela termoadhesiva	Patrón "bolso" x 2
	Patrón "bolsillo exterior" x 1

3... A continuación, colocar el bolsillo exterior sobre la pieza de tela de forro correspondiente, derecho con derecho, y coser todo junto. Dejar arriba una abertura para dar la vuelta. Dar la vuelta a la tela, planchar y coser la abertura.

4... Colocar el bolsillo exterior sobre una de las piezas de terciopelo, tal como aparece en el pliego de patrones; después coser los laterales y el canto inferior.

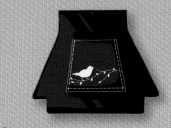

5... Montar un bolsillo interior oculto con cremallera (seguir las instrucciones de la página 105) en una de las piezas del forro del bolso. Colocar la cremallera a unos 11 cm del canto superior.

6... Alinear, derecho con derecho, una de las piezas de terciopelo sobre una pieza del forro. Coser arriba la solapa del bolso. Hacer lo mismo con la segunda pieza de terciopelo y la segunda pieza del forro.

7... A continuación, alinear las dos piezas de terciopelo, derecho con derecho, y coserlas por los cantos exteriores. Colocar en las esquinas la costura lateral sobre la costura de la base correspondiente y después cerrar las pequeñas pinzas laterales, según muestra la figura. Recortar la tela sobrante.

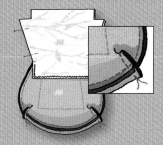

8... Alinear, igualmente derecho con derecho, las piezas del forro y coserlas juntas. Dejar en el canto inferior una abertura para dar la vuelta, de unos 14 cm. Coser las pinzas como se ha descrito antes. Dar la vuelta al bolso. Alisar la abertura con la plancha y coserla. Introducir la tela del forro en el interior del bolso de tela exterior y planchar bien todo.

9... Por último, colocar la solapa por fuera, sobre el cierre metálico, y fijarla con hilo de bordar gris y punto de pespunte (ver la página 111). Coser en cada lateral, justo por debajo del cierre metálico de pinza, un trozo de cinta de satén; hacer con ella un nudo y un lazo, a 1 cm de distancia de la costura. Colgar en el nudo el enganche de mosquetón de la correa metálica.

Bolso con estilo *París*

MÁRGENES DE COSTURA

Cortar todas las piezas sin añadir margen de costura, pues viene incluido en los patrones y en las medidas indicadas para las tiras de tela.

Fieltro	Patrón "bolso" x 2
	Patrón "lengüeta de cierre" x 1
	Patrón "círculo" x 4
Tela de algodón	Tira de tela diagonal para cinta al bies x 1, de 120 x 3,5 cm
	Tira para el asa x 2, de 56 x 6 cm cada una
Entretela termoadhesiva	Tira para el asa x 2, de 54 x 4 cm cada una

INSTRUCCIONES

1... Coser las pinzas en la pieza "bolso". En el fieltro, coser muy cerca del canto, a unos 5 mm de distancia. Para hacer cada pinza, alinear superpuestos los cantos de los triángulos recortados y coserlos juntos.

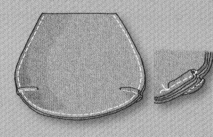

2... Una vez cosidas dos pinzas en cada pieza, alinear las dos piezas, derecho con derecho, prender con alfileres y coserlas muy cerca del canto. En las pinzas, el fieltro queda demasiado grueso y es difícil coserlo a máquina, por lo que se recomienda coser estas zonas a mano. Después dar la vuelta al bolso.

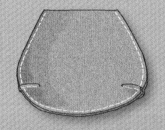

3... Trabajar ahora la cinta al bies (ver la página 110). Hilvanar la cinta alrededor del canto superior abierto del bolso y coserla.

4... Ribetear, con la cinta al bies, la lengüeta de cierre de fieltro. Hacer un ojal en la zona marcada. Coser la lengüeta en el centro del reverso del bolso, a unos 6 cm de distancia del canto superior, de modo que el ojal señale hacia la parte delantera del bolso. Coser el botón forrado (ver la página 103) en la zona correspondiente.

5... Para terminar, aplicar con la plancha las tiras de entretela termoadhesiva colocadas sobre las tiras de tela para las asas y luego confeccionar unas asas planas (ver la página 107). Fijar las asas con una costura doble en las zonas marcadas en el bolso. Ocultar los extremos de las asas con unos círculos de fieltro cosidos con hilo de bordar.

**GRADO DE
DIFICULTAD 1**

TAMAÑO
42 x 35 cm

MATERIALES
Fieltro de lana de color gris
jaspeado, de 3 mm de
grosor, de 90 x 46 cm

Tela de algodón de color gris
y amarillo, de 70 x 45 cm

Entretela termoadhesiva:
fliselina H 250, de 54 x 8 cm

Botón simple, de 2,9 cm Ø

Hilo de bordar de color gris

**PLIEGO DE
PATRONES B**

Bolso tornasolado Marrakech

GRADO DE DIFICULTAD 2

TAMAÑO
36 x 32 x 10 cm

MATERIALES
BOLSO NARANJA

Tela exterior: tela de algodón de color naranja y turquesa con estampado de flores, de 50 x 100 cm

Tela de forro: tela de algodón de color naranja, de 70 x 100 cm

Entretela termoadhesiva: fliselina H 250 y H 630, de 50 x 100 cm cada una

Cremallera de color turquesa, de 42 cm de largo

Cuero de color naranja, de 50 x 30 cm (base y asas)

Manguera de jardín o tubo de silicona (suministros para acuario), de 1,2 cm Ø y 100 cm de largo

BOLSO MARRÓN

Tela exterior: tela de algodón de color marrón con estampado de elefantes, de 50 x 100 cm

Tela de forro: tela de algodón de color marrón, de 50 x 100 cm

Entretela termoadhesiva: fliselina H 250 y H 630, de 50 x 100 cm cada una

Cremallera de color marrón, de 42 cm de largo

Cuero de color marrón, de 50 x 30 cm (base) y de 70 x 40 cm (asas)

Manguera de jardín o tubo de silicona (suministros para acuario), de 1,2 cm Ø y 100 cm de largo

PLIEGO DE PATRONES A

MÁRGENES DE COSTURA

Cortar todas las piezas de tela añadiendo 1 cm de margen de costura. Cortar la entretela sin añadir margen de costura. Recortar el margen de costura en aquellas piezas que solo van cosidas encima de la tela del bolso, como en el canto superior del cuero o en las dos asas de cuero.

INSTRUCCIONES

1... Aplicar con la plancha la entretela termoadhesiva colocada sobre los reversos de las piezas "bolso" de tela exterior (ver la página 101). Fijar el cuero sobre las piezas del bolso, primero con pegamento de contacto y después por un pespunte a lo largo del canto superior, casi al ras del canto.

2... A continuación, alinear una pieza del bolso de tela exterior y una pieza del bolso de tela de forro, derecho con derecho. Emplazar la cremallera en el canto superior, entre las dos capas de tela, según muestra la figura. El tirador de la cremallera debe quedar por el lado de la tela exterior. Después coser juntas las dos piezas del bolso y la cremallera. Doblar las dos capas de tela en la costura. Luego, siguiendo el mismo principio, coser las otras dos piezas del bolso de tela exterior y tela de forro en el otro lado de la cremallera; el tirador vuelve a quedar ahora por el lado de la tela exterior.

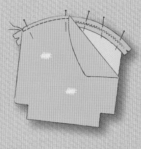

3... Disponer las piezas del bolso de modo que la cremallera quede ahora en el centro. En un lado se sitúan, derecho con derecho, las piezas de tela exterior y en el otro lado, también derecho con derecho, las piezas de tela de forro. La cremallera adquiere forma ondulada en el arco superior del bolso, pero los bordes han de quedar rectos. Abrir la cremallera para que luego resulte más fácil dar la vuelta al bolso. Cerrar los laterales y las costuras de la base, dejando una abertura por el lado de la tela de forro para después dar la vuelta al bolso. En las cuatro esquinas, colocar la costura lateral sobre la costura de la base y cerrar las pinzas laterales, según muestra la figura. Dar la vuelta al bolso a través de la abertura, cerrar la abertura con una costura a mano e introducir el forro dentro del bolso.

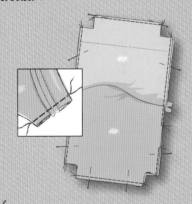

4... Hacer las asas siguiendo las instrucciones de la página 106. Después coserlas en las zonas marcadas en el bolso. La distancia entre los dos extremos de las asas es de unos 14 cm.

Tela exterior	Patrón "bolso" x 2, cortado siguiendo la raya de la tela
Tela de forro	Patrón "bolso" x 2, cortado siguiendo la raya de la tela
	Patrón "asa" x 4, cortado siguiendo la raya de la tela (solo para el bolso naranja)
Entretela termoadhesiva	Patrón "bolso" x 2, cortado siguiendo la raya de la tela (de cada una)
	Patrón "asa" x 2, cortado siguiendo la raya de la tela (de cada una; solo para el bolso naranja)
Cuero	Patrón "cuero" x 2
	Patrón "asa" x 2, cortado siguiendo la raya de la tela (solo para el bolso marrón)

Bolso encantador *Venecia*

MÁRGENES DE COSTURA

Cortar todas las piezas añadiendo 1 cm de margen de costura.

INSTRUCCIONES

1... En el caso del bolso con estampado de papagayos, aplicar con la plancha la entretela termoadhesiva colocada sobre el revés de la tela exterior; el cuero no se refuerza con entretela. Después alinear las dos piezas "bolso", derecho con derecho, y coser los laterales y la costura de la base.

2... Montar la cinta para ribetes en el borde de la solapa del bolso de tela exterior: las partes abiertas quedan en el borde arqueado. En caso necesario, fijar la cinta para ribetes con unas puntadas de punto de hilván. Alinear las dos piezas de la solapa del bolso, derecho con derecho, y coser el borde utilizando el prensatelas para cremalleras de la máquina de coser; este posibilita coser directamente sobre el abultamiento de la cinta para ribetes. Después dar la vuelta del derecho a la solapa y volver a pespuntear el borde.

3... Coser un bolso de tela de forro, como se indica en el paso 1, dejando una abertura para dar la vuelta al bolso. Volver el bolso del derecho e introducirlo dentro del bolso de tela exterior. Quedan superpuestos, derecho con derecho, los lados del derecho de la tela exterior y del forro. Introducir la solapa del bolso por un lado, entre la tela exterior y la tela de forro, y colocarla centrada en el borde superior. Cerrar alrededor el borde superior con una costura y dar la vuelta al bolso por la abertura para dar la vuelta al forro. Volver a pespuntear el borde superior.

4... Para hacer los pequeños pasadores alinear la tira de tela correspondiente, derecho con derecho, y cerrar los lados largos. Volver del derecho los pasadores y alisarlos bien con la plancha. Enfilar las anillas con forma de D en los pasadores de tela y plegar estos por la mitad. Volver a dar la vuelta al bolso: la tela de forro queda ahora por fuera y la tela exterior dentro del bolso. En cada una de las dos esquinas alinear la costura lateral sobre la costura situada en el borde superior (deben casar exactamente). Insertar el pasador entre medias, con la anilla en forma de D, como se representa en la figura y cerrar con un pespunte. Proceder igual con el otro pasador de tela y volver el bolso del derecho.

Tela exterior	Patrón "bolso" x 2, cortado siguiendo la raya de la tela
	Patrón "solapa" x 1
	Patrón "terminal para los cordones" x 2 (de cuero marrón para el bolso lila)
	Tira de tela para el pasador x 4, de 2 x 5 cm (solo para el bolso lila)
	Tira de cuero para el pasador x 2, de 2 x 5 cm (solo para el bolso de cuero)
Tela de forro	Patrón "bolso" x 2, cortado siguiendo la raya de la tela
	Patrón "solapa" x 1
Entretela termoadhesiva	Patrón "bolso" x 2, cortado siguiendo la raya de la tela (solo para el bolso lila)

5 ... En las esquinas inferiores, colocar las costuras laterales sobre las costuras de la base y después meter las esquinas siguiendo la línea del patrón. De este modo no solo se cose la tela exterior sino también el forro. Doblar hacia arriba las esquinas metidas y fijarlas en el lado del bolso con un remache.

6 ... Fijar dos automáticos en las marcas del bolso y de la solapa (fijar la pieza superior sobre la solapa y la pieza inferior sobre el bolso). Montar los terminales en los extremos del cordón, siguiendo las instrucciones de la página 107. Después determinar, como se prefiera, la longitud del asa. Por último, fijar el asa en el bolso, colgando los enganches de mosquetón en las anillas con forma de D.

GRADO DE DIFICULTAD 2

TAMAÑO
28 x 21 x 9 cm

MATERIALES
BOLSO DE CUERO
Tela exterior: cuero de color turquesa, de 50 x 50 cm

Tela de forro: tela de algodón de color azul oscuro, de 50 x 50 cm

Cordón de algodón, de 1,2 cm Ø y 55 cm de largo

Cinta para ribetes de color azul, de 60 cm de largo

2 anillas con forma de D, de 1 cm de ancho

2 enganches de mosquetón con anillas, de 1 cm

2 automáticos de color azul oscuro, de 1,2 cm Ø

2 remaches plateados, de 8 mm Ø

BOLSO LILA

Tela exterior: tela de algodón de color lila con estampado de papagayos, de 50 x 50 cm

Tela de forro: tela de algodón de color rosa, de 50 x 50 cm

Entretela termoadhesiva: fliselina H 250, de 50 x 50 cm

Cuero de color marrón, restos

Cordón de algodón, de 1,2 cm Ø y 55 cm de largo

Cinta para ribetes de color blanco, de 60 cm de largo

2 anillas con forma de D, de 2 cm de ancho

2 enganches de mosquetón con anillas, de 1 cm

2 automáticos de color blanco, de 1,2 cm Ø

2 remaches plateados, de 8 mm Ø

PLIEGO DE PATRONES A

Bolso moderno *Milán*

MÁRGENES DE COSTURA

Cortar todas las piezas de tela añadiendo 1 cm de margen de costura. Cortar la entretela sin añadir margen de costura.

INSTRUCCIONES

1... Para realizar el bolso con estampado de flores, coser seguidas la tela con flores y la tela verde con estampado retro. Para el bolso de patchwork, dividir las telas en cuadrados de entre unos 8 y 10 cm y coser juntos los distintos cuadrados formando una única superficie de tela. Seguidamente, cortar de esta superficie las dos piezas del bolso.

Cortar una tira de entretela termoadhesiva de 7 cm de ancho del borde inferior de la pieza. Después planchar ambas piezas de entretela colocadas sobre el revés de la tela exterior, dejando una distancia de 3 mm entre las dos entretelas, como muestra la figura. De este modo, el bolso puede doblarse después más fácilmente a través de este corte entre las entretelas. A continuación, colocar la tira adicional de entretela sobre el revés de la tela de forro, centrada en el borde inferior, y aplicar con la plancha.

Tela exterior

Tela de forro

2... Alinear, derecho con derecho, las piezas del bolso de tela exterior y coser los laterales y la costura de la base.

3... Volver el bolso del derecho. Coser la cremallera emplazada en el canto superior, aún abierto; para ello, doblar los dos lados de la tela 1,5 cm hacia dentro y plancharlos; el tirador de la cremallera señala hacia arriba. Los cantos planchados de las dos piezas no han de quedar superpuestos uno sobre el otro, sino que debe quedar una abertura de 1 cm sobre la cremallera. Después, volver de nuevo el bolso del revés.

4... Para realizar las pequeñas tiras para fijar los automáticos en las esquinas del bolso, doblar por la mitad a lo ancho las tiras de tela, dejando el lado del revés hacia dentro. Coser juntos los dos bordes y después volver las lengüetas del derecho.

5... Desplegar en las cuatro esquinas la costura lateral, la costura de la base o la costura superior y después colocar la costura lateral sobre la costura de la base. De este modo quedan superpuestos los cantos aún abiertos para realizar las pequeñas pinzas. Insertar entre las dos telas las pequeñas lengüetas que acabamos de realizar; para ello, el lado cerrado de la lengüeta queda por el lado del derecho de la tela; después de dar la vuelta, queda por fuera. Cerrar la abertura con una costura de pespunte, como se muestra en la figura, y luego volver el bolso del derecho.

6... Coser un bolso de tela de forro siguiendo las instrucciones de los pasos 2, 3 y 5. En vez de la cremallera, colocar la tela por el lado del revés y fijarla con unos alfileres. Eliminar las pequeñas lengüetas para los automáticos; las pinzas se cosen sin estas lengüetas. Dejar del revés el bolso de tela de forro y deslizarlo en el interior del bolso de tela exterior.

Tela exterior	Patrón "bolso" x 2, cortado siguiendo la raya de la tela
	Patrón "fijador de la cinta para cinturones" x 8
Tela de forro	Patrón "bolso" x 2, cortado siguiendo la raya de la tela
	Tira para el automático x 4, de 1,5 x 4 cm
Entretela termoadhesiva	Patrón "bolso" x 2, cortado siguiendo la raya de la tela
	Tira x 2, de 27 x 7 cm (para la base)

Coser a mano el borde superior en el lado interior de la cremallera. Alinear derecho con derecho, cada dos piezas del "fijador de la cinta para cinturones" y cerrar los bordes exteriores. Recortar un lado de la tela y después volver del derecho los fijadores pentagonales. Dividir la cinta para cinturones por la mitad, es decir, en dos trozos de 50 cm. Colocar los extremos detrás de los fijadores pentagonales y coser todo en el bolso, tal como muestra la figura (ver las marcas en el patrón).

7 ... Por último, fijar un automático en las cuatro lengüetas y dos automáticos en cada lateral del bolso. Tratar de que el borne y la cazoleta del automático señalen uno hacia el otro, para que luego se ajusten perfectamente.

Consejo El bolso de patchwork lleva un refuerzo cosido en el centro de las asas. Cortar dos trozos de tela de 15 x 6 cm (más el margen de costura), doblarlos por la mitad a lo largo, de modo que el lado del derecho de la tela quede hacia dentro, y cerrar los lados largos. Volver del derecho el tubo de tela obtenido. Doblar hacia dentro 1 cm los extremos del tubo, deslizar todo hasta el centro del asa y coser por ambos extremos. Después coser el asa completa como se ha descrito arriba.

GRADO DE DIFICULTAD 2

TAMAÑO
40 x 36 cm

MATERIALES
BOLSO CON ESTAMPADO DE FLORES
Tela exterior 1: tela de algodón de color azul claro con estampado de flores, de 50 x 70 cm

Tela exterior 2: tela de algodón de color verde con estampado retro, de 50 x 25 cm

Tela exterior 3: tela de algodón de color rojo moteada, restos

Tela de forro: tela de algodón de color verde con estampado retro, de 50 x 85 cm

Entretela termoadhesiva: fliselina H 250, de 50 x 90 cm

Cremallera de color blanco, de 44 cm de largo

Cinta de algodón para cinturones de color crema, de 3 cm de ancho y 100 cm de largo

BOLSO DE PATCHWORK
Tela exterior: 5 telas de algodón en diferentes tonos azules y rojos, de 60 x 80 cm en total

Tela de forro: tela de algodón de color azul claro, de 50 x 80 cm

Entretela termoadhesiva: fliselina H 250, de 50 x 90 cm

Cremallera de color rojo, de 44 cm de largo

Cinta de algodón para cinturones de color crema, de 3 cm de ancho y 100 cm de largo

PLIEGO DE PATRONES A

Bolso informal *Ámsterdam*

MÁRGENES DE COSTURA

Cortar todas las piezas de tela sin añadir margen de costura, ya que este viene incluido en las medidas del modelo.

INSTRUCCIONES

1... Recortar los cuadrados de patchwork. Para las piezas bordadas, dibujar primero el número deseado de cuadrados en la tela de color blanco crema. Realizar los dibujos con un lápiz (en caso necesario, trazarlos antes en un papel cuadriculado), después tensar la tela en un bastidor y bordar los diferentes dibujos.

2... Trabajar ahora el patchwork. Alinear siempre 2 cuadrados, derecho con derecho, y pespuntearlos unidos por un lado, a unos 7 mm del canto. Se obtienen 28 pares de cuadrados. Alisar con la plancha la costura de los pares de cuadrados unidos. Después volverlos a alinear, derecho con derecho, coserlos unidos por uno de los cantos largos y planchar de nuevo. Se obtienen así 14 grupos de 4 cuadrados. Ordenarlos como se muestra en la figura, teniendo cuidado de no colocar seguidos

2 cuadrados de la misma tela. Aquellas telas que presenten dirección en el dibujo (como la tela a rayas) se han de disponer todas en el mismo sentido.

3... Coser los 14 grupos de 4 cuadrados: realizar primero 7 grupos de 8 cuadrados y a continuación, coser 3 grupos de 8 cuadrados cada uno, para el lado trasero y delantero del bolso respectivamente; después coser entre estos el último grupo de 8 cuadrados (base del bolso). Tras realizar cada paso, alisar bien las costuras con la plancha.

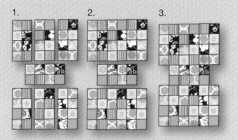

4... La pieza de patchwork debe medir unos 37 x 57 cm y casar lo más exactamente posible con la pieza de entretela con volumen. Aplicar con la plancha la entretela sobre la pieza de patchwork y recortar la entretela que sobre. Si la pieza de patchwork es visiblemente más pequeña, adaptar el tamaño de la pieza del bolso (ver el paso 6).

5... Realizar las asas planas con las tiras largas de tela y entretela (ver la página 107). Fijar las asas con una costura doble.

6... A continuación, preparar el forro del bolso. Aplicar con la plancha la pieza "forro" de entretela termoadhesiva 2 colocada sobre la pieza de tela de forro correspondiente. La pieza debe tener las medidas indicadas en la figura, con respecto a la pieza de patchwork. Si la pieza de patchwork es más pequeña —cosa bastante frecuente al trabajar con varias piezas pequeñas—, acortar la pieza de forro por los lados.

Pieza del forro

3 cm más corto

7 cm

7... Coser una cremallera con bolsillo interior oculto en el centro de una pieza del forro (ver la página 105). Emplazar la cremallera a unos 5 o 6 cm del canto superior.

Tela exterior	Cuadrados x 56, de 7 x 7 cm (para este bolso: 11 cuadrados de tela color azul con flores, 10 de tela color azul y verde a rayas, 11 de tela color gris claro con círculos, 5 de tela color verde claro, 10 de tela color verde con flores y 9 de tela de color blanco crema con bordados)
Tela de forro 1	Patrón "forro" x 2
	Rectángulo para el bolsillo interior x 1, de 17 x 22 cm
	Tira para el asa x 2, de 3,5 x 52 cm
Tela de forro 2	Rectángulo para el bolsillo interior oculto x 1, de 35 x 21 cm aprox.
Entretela termoadhesiva 1	Rectángulo para la tela exterior, de 57 x 37 cm
Entretela termoadhesiva 2	Patrón "forro" x 2
	Tira para el asa x 2, de 3,5 x 50 cm

Colocar debajo el bolsillo interior: plegar dos veces los cantos, fijarlos con la plancha y pespuntear. Coser el bolsillo interior a unos 2 cm por debajo de la cremallera.

8... Alinear, derecho con derecho, la pieza del forro sobre la pieza de patchwork; los cantos superiores han de casar exactamente. Coser la cremallera como se indica en la página 26 (pasos 8-10). A continuación, colocar todo de modo que la cremallera se sitúe en el centro: a su izquierda quedan las dos piezas del forro (derecho con derecho) y a su derecha la tela exterior de patchwork (con la entretela con volumen hacia fuera).

9... Prender con alfileres los dos cantos laterales abiertos de la tela exterior y coserlos juntos, dejando el rectángulo abierto por abajo. Estos cantos abiertos se montan como pinzas y se cosen.

10... Coser juntos los cantos laterales de la tela de forro. Coser el canto inferior abierto como antes, pero solo en las zonas marcadas, dejando en el centro una amplia abertura para dar la vuelta (de unos 15 cm). Coser las pinzas igual que en el paso anterior.

11... Por último, dar la vuelta al bolso completo a través de la abertura de la tela del forro, planchar la abertura y coserla. Introducir la tela de forro dentro de la tela exterior. La pieza exterior del bolso es unos centímetros más alta que la pieza del forro, de este modo la cremallera desaparece un poco por el interior. Doblar el canto superior de la pieza exterior del bolso y bordarlo con un punto de hilván decorativo (ver la página 111).

GRADO DE DIFICULTAD 2

TAMAÑO
32 x 20 x 10 cm

MATERIALES
Tela exterior: tela de algodón de color verde claro, blanco crema, verde y azul a rayas, azul con flores, verde con flores y gris claro y verde con círculos, restos

Tela de forro 1: tela de algodón de color azul con flores, de 35 x 105 cm

Tela de forro 2: tela que se prefiera, de 35 x 21 cm, restos

Entretela termoadhesiva 1: fliselina H 630, de 57 x 37 cm

Entretela termoadhesiva 2: fliselina H 250, de 35 x 100 cm

Cremallera de color blanco, de 18 cm de largo, y de color azul, de 30 cm de largo

Aguja de bordar

Bastidor de bordado

Hilo de bordar de color azul

PLIEGO DE PATRONES B

GRADO DE DIFICULTAD 2

TAMAÑO
Bolso rojo:
38 x 28 x 9 cm aprox.

Bolso infantil:
27 x 21 x 5 cm aprox.

**MATERIALES
BOLSO ROJO**
Fieltro de color rojo,
de 3 mm de grosor, de
46 x 110 cm

Decoración: fieltro
multicolor, restos

Cremallera de color rojo,
de 30 cm de largo

Automático, de 1,2 cm Ø

Hilo y aguja de bordar

BOLSO INFANTIL
Fieltro de lana de color
marrón grisáceo, de 3 mm
de grosor, de 30 x 70 cm

Tela exterior 2: tela de
algodón a rayas,
de 92 x 10 cm

Decoración: tela
de algodón, restos

Cremallera de color
turquesa, de 22 cm de largo

Entretela termoadhesiva:
fliselina H 250,
de 8 x 90 cm

**PLIEGO DE
PATRONES B**

	BOLSO ROJO
	Patrón "bolso" x 2
	Patrón "cremallera" x 2
Fieltro rojo	Patrón "lateral" x 1, cortado siguiendo la raya de la tela
	Asa x 1, de 6 x 105 cm
Fieltro multicolor	Flores y círculos, a gusto personal
	BOLSO INFANTIL
	Patrón "bolso infantil" x 2
Fieltro	Patrón "lateral" x 1, cortado siguiendo la raya de la tela
	Tira para la cremallera x 2, de 2 x 25,5 cm
Tela exterior 2	Correa x 1, de 92 x 10 cm
Decoración	Patrón "círculo grande" x 5
	Patrón "círculo pequeño" x 11
	Correa x 1, de 3 x 90 cm
Entretela termoadhesiva	Patrón "círculo grande" x 5
	Patrón "círculo pequeño" x 11

MÁRGENES DE COSTURA

Cortar todas las piezas de tela sin añadir margen de costura, pues ya viene incluido en los patrones y en las medidas indicadas para las tiras.

INSTRUCCIONES
BOLSO ROJO

1... Decorar la pieza delantera del bolso con flores realizadas con restos de fieltro de varios colores (ver los patrones del Pliego de patrones B). Los círculos tienen un tamaño de 5 a 10 mm Ø. Distribuir las flores y los círculos y coserlos, combinando punto de pespunte y punto de nudo (ver la página 111).

2... Alinear, revés con revés, la parte delantera y la parte lateral del bolso, de manera que el centro de una pieza quede superpuesto sobre el centro de la otra. Fijar este punto con un alfiler. Desde este punto comenzar a pespuntear las dos piezas unidas. Proceder despacio y con cuidado, ajustando continuamente los cantos redondeados para que casen con exactitud. A continuación, colocar del mismo modo la parte trasera del bolso. Recortar el fieltro que sobra en la tira central.

3... Pespuntear los dos lados alargados de la correa, insertar un extremo, a un mínimo de 3 cm de profundidad, en la cara interior de la pieza lateral del bolso y coser con costura doble. Comprobar ahora si la correa tiene la longitud adecuada; en caso contrario, acortar el extremo abierto de la misma. Después coser el segundo extremo de la correa en el otro lado del bolso.

4... Preparar ahora la cremallera. Coser las dos tiras estrechas de fieltro en la cremallera, a unos 2 mm de distancia de los dientes, de modo que estos queden ocultos. Por último, coser el cierre terminado, revés con revés, en el canto superior abierto del bolso.

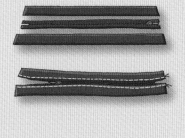

BOLSO INFANTIL

1... Recortar los círculos de entretela termoadhesiva. Aplicarlos con la plancha sobre los restos de tela, recortar y distribuirlos sobre una pieza del bolso. Primero prender con alfileres los círculos grandes y después los círculos pequeños, y coserlos con punto de hilván (ver la página 111). Coser el bolso siguiendo las instrucciones del bolso de fieltro rojo (paso 2).

2... Realizar la correa con tela de algodón: colocar la entretela termoadhesiva en el centro de la tira de tela de algodón y doblar a lo largo. Pespuntear el canto abierto de la tira de tela con 1 cm de margen de costura, obteniendo así un tubo de tela. Coser un extremo del tubo, darle la vuelta y plancharlo. La correa es tan ancha como la entretela termoadhesiva. Coser la correa como se indica en el bolso rojo (paso 3). Para terminar, coser la cremallera en el bolso (paso 4).

Bolso refinado *Montecarlo*

MÁRGENES DE COSTURA

Cortar todas las piezas de tela añadiendo 1 cm de margen de costura. Cortar la entretela sin añadir margen de costura. Las medidas entre paréntesis se refieren al bolso infantil.

INSTRUCCIONES

1… Aplicar con la plancha la entretela termoadhesiva 1 colocada sobre el revés de las piezas de tela exterior. Después fijar las dos capas con una costura a lo largo de los cantos (a unos 2 mm del borde).

2… Aplicar con la plancha la entretela con volumen colocada sobre la tela del forro. Montar un bolsillo interior y un bolsillo interior oculto con cremallera (seguir las instrucciones de la página 105) en una de las piezas del forro. Para confeccionar el bolsillo interior, rematar todos los cantos del rectángulo de tela de forro: doblar dos veces los cantos hacia dentro, planchar y pespuntear. Después coser el bolsillo interior a unos 2 cm por debajo de la cremallera.

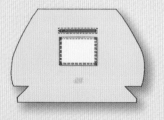

3… Realizar las asas del bolso con las tiras correspondientes de entretela termoadhesiva 3 y de seda. Confeccionar unas asas planas, siguiendo las instrucciones de la página 107. Colocar las asas en el bolso según las marcas.

4… Coser juntas las diferentes piezas. Tener cuidado de no coser, por descuido, las asas entre las piezas de tela. Alinear una pieza del forro con una pieza exterior, derecho con derecho, prender con alfileres y coser por el canto superior; desplegar las dos piezas unidas. Coser juntas igualmente las otras dos piezas del bolso. A continuación, alinear las dos piezas exteriores derecho con derecho, prender con alfileres y coserlas por todos los lados. No coser todavía las pinzas. Prender con alfileres la tela de forro del mismo modo y coser por todos los lados, dejando abiertas las pinzas y una abertura amplia para dar la vuelta, de unos 25 cm, en el centro del canto inferior.

5… Finalmente, pespuntear las pinzas: coser por separado las costuras a derecha e izquierda de la costura central, ya que puede resultar difícil coser sobre esta. En caso necesario, se recomienda coser a mano las pinzas en la tela exterior reforzada con entretela termoadhesiva 1. Dar la vuelta al bolso por la abertura y planchar. Coser la abertura para dar la vuelta y después introducir la tela de forro dentro de la pieza del bolso exterior.

6… Para confeccionar el lazo, cortar al sesgo la tira de entretela y aplicarla con la plancha sobre la tira de seda. Doblar esta a lo largo y coser los cantos; dejar en el centro una abertura para dar la vuelta y cortar lo que sobresalga por los lados. Dar la vuelta a esta tira tubular, planchar y coser la abertura.

Costura

7… Fruncir en tres puntos la cinta de seda obtenida: en el centro y a unos 28 cm de los extremos. Fruncir y fijar con unas puntadas hechas a mano.

8… Confeccionar el lazo con esta tira tubular de tela. Para ello, doblar hacia el centro los dos frunces exteriores del tubo. Fijar de nuevo en esta zona con unas puntadas. Después coser un tubo de unos 3 cm de ancho con el rectángulo para el centro de lazo (eventualmente, reforzar con fliselina H 250). Dar la vuelta al tubo, enrollarlo en el centro del lazo y fijar por el reverso. Por último, coser el lazo con unas puntadas en el bolso.

GRADO DE DIFICULTAD 2

TAMAÑO

Bolso de señora: 46 x 28 x 10 cm

Bolso infantil: 33 x 21 x 7 cm

MATERIALES
BOLSO DE SEÑORA

Tela exterior: tela de algodón estampada de color marrón, de 110 x 35 cm

Tela de forro: tela de algodón de color crema, de 100 x 50 cm

Tela de seda de color crema, de 135 x 30 cm

Entretela termoadhesiva 1: Dekovil I, de 70 x 50 cm

Entretela termoadhesiva 2: fliselina H 630, de 70 x 50 cm

Entretela termoadhesiva 3: fliselina H 250, de 130 x 20 cm

Cremallera de color crema, de 18 cm de largo aprox.

BOLSO INFANTIL

Tela exterior: tela de algodón estampada de color mora, de 75 x 30 cm

Tela de forro: tela de algodón de color crema, de 75 x 45 cm

Tela de seda de color crema, de 90 x 20 cm

Entretela termoadhesiva 1: Dekovil I, de 70 x 25 cm

Entretela termoadhesiva 2: fliselina H 630, de 70 x 25 cm

Entretela termoadhesiva 3: fliselina H 250, de 80 x 10 cm

Cremallera de color crema, de 10 cm de largo

PLIEGO DE PATRONES B

Tela exterior	Patrón "bolso (pequeño)" x 2
	Patrón "bolso (pequeño)" x 2
Tela de forro	Rectángulo para el bolsillo interior oculto x 1, de 24 x 40 cm (de 16 x 30 cm)
	Rectángulo para el bolsillo interior x 1, de 17 x 14 cm (de 14 x 12 cm)
Seda	Tira para el asa x 2, de 72 x 7 cm (de 40 x 6 cm)
	Tira para el lazo x 1, de 132 x 22 cm (de 80 x 14 cm)
	Rectángulo para el centro del lazo x 1, de 80 x 10 cm (de 6 x 10 cm)
Entretela termoadhesiva 1 + 2	Patrón "bolso" x 2, de cada tipo de entretela
Entretela termoadhesiva 3	Tira para el asa x 2, de 70 x 5 cm (de 38 x 4 cm) cada una
	Tira para el lazo x 1, de 130 x 10 cm (de 78 x 12 cm)

BOLSO INFANTIL

Para realizar la versión infantil del bolso de señora, utilizar el patrón más pequeño. Las asas miden 38 cm de largo y 2 cm de ancho. La tira para el lazo mide 80 cm de largo y 6 cm de ancho. Colocar la tira para fruncir el lazo en el centro del mismo, a unos 17 cm de los extremos del lazo. Esta tira mide unos 2 cm de ancho.

Bolsos con diseño para parejas

"¡Quiero tener un bolso igual que ese!". Algunos bolsos no diferencian entre sexos. Un moderno maletín de fieltro queda perfecto tanto para él como para ella. El bolso impermeable puede servir muy bien como bolso para la guardería. En este capítulo se incluyen bolsos unisex para todo el mundo.

Para que el diseño de la pareja no llame demasiado la atención, aunque se utiliza el mismo patrón, se le puede dar un toque discreto variando la elección de telas y colores.

Gotemburgo
Pgina 54

Cupertino
Pagina 56

Praga
Página 58

Guiza
Página 61

Berlín
Página 66

Bolso espacioso *Gotemburgo*

MÁRGENES DE COSTURA

Cortar todas las piezas sin añadir margen de costura, pues ya viene incluido en los patrones y en las medidas indicadas para las tiras.

INSTRUCCIONES

1... Primero preparar los dos bolsillos exteriores. Colocar las piezas inferiores de los cierres de cuero en las zonas marcadas y coser la tira lateral estrecha alrededor de la pieza "bolsillo exterior", con un pespunte a una distancia de unos 2 o 3 mm del canto. Cortar el trozo de tira que sobresale arriba.

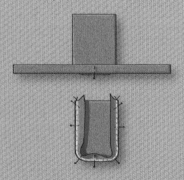

2... A continuación, coser a mano los bolsillos exteriores sobre la pieza delantera del bolso (patrón "bolso"). Para ello, marcar la posición de los bolsillos sobre el reverso de la pieza delantera (ver el dibujo del patrón), pinchar la aguja en el punto superior de la marca, desde atrás hacia delante, y comenzar en este punto la costura de coser la tira lateral del bolsillo exterior. Coser a lo largo de la marca; las esquinas redondeadas deben quedar un poco más planas al coserlas.

3... La segunda pieza "bolso" es la pared divisoria del interior del maletín de fieltro y va provista de un bolsillo (con compartimentos) de tela de algodón. Para realizar este bolsillo, planchar el trozo de tela de algodón correspondiente y después plegar los 16,5 cm inferiores hacia arriba. Rematar los dos cantos superiores que tenemos ahora: plegar dos veces hacia atrás, planchar y pespuntear. Pespuntear tres veces el bolsillo por la parte central, obteniendo dos compartimentos estrechos para guardar los bolígrafos. Después rematar los cantos laterales abiertos: doblarlos igualmente dos veces hacia atrás, planchar y pespuntear.
Fijar un trozo de velcro en el centro del canto superior, colocar la pieza de tela sobre la pared divisoria de fieltro, marcar la zona del cierre de velcro y coser la otra pieza del cierre en el fieltro. Finalmente, coser la tela por los laterales y por el canto inferior en la pared divisoria.

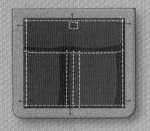

4... La pieza "bolso con solapa" sirve a la vez como pieza trasera del bolso y solapa del mismo. Recortar una tira estrecha, de 24 x 1 cm, en la zona marcada de la pieza trasera; coser aquí la cremallera, con el tirador señalando hacia el exterior.
Rematar el contorno de los cantos del rectángulo para el bolsillo interior (doblar, planchar y pespuntear). Prender con alfileres el rectángulo sobre el lado interior de la pieza trasera del bolso, de manera que la cremallera quede oculta, y coser el rectángulo por todos los lados; así se obtiene el bolsillo detrás de la cremallera.

5... Fijar el asa en el centro de la solapa del bolso. Primero pespuntear los cantos alargados de cada una de las dos tiras de fieltro correspondientes, después alinear las tiras superpuestas y coserlas unidas por uno de los lados cortos. Colocar las anillas con forma de D entre las tiras, en cada extremo (la parte redondeada de las anillas señala hacia fuera); coser juntas las tiras primero por los lados cortos y después por los largos. Pasar un "rectángulo para el fijador de la anilla con forma de D" por cada anilla, plegarlo y coserlo. Coser cada fijador de las anillas con forma de D en las zonas marcadas en la solapa del bolso. Se recomienda coser los fijadores con una costura doble, puesto que el asa ha de soportar mucho peso.

6 ... Coser el bolso. Primero fijar las dos tiras largas laterales en la pared divisoria. Esta queda en medio. Coser juntas las tres capas a lo largo del canto; proceder despacio y con cuidado para que la máquina de coser trabaje bien el grueso material.

Colocar después la pared divisoria de modo que el bolsillo con compartimentos señale hacia arriba. Alinear encima la pieza delantera del bolso, con los bolsillos exteriores señalando hacia arriba. Coser la pieza trasera del bolso en la tira lateral. Recortar los restos que sobresalen de la tira lateral.

7 ... Fijar dos anillas con forma de D en la tira lateral trasera del bolso. Para fijarlas, usar las piezas "rectángulo para el fijador de la anilla con forma de D". Pasar un trozo de fieltro a través de cada anilla, doblarlo por la mitad y fijarlo con una costura a mano en la tira lateral, lo más cerca posible de la costura con la pared divisoria. La distancia con el canto superior es de 4 cm.

8 ... Coser la pieza trasera del bolso en la tira lateral trasera, de forma que la cremallera señale hacia el exterior y el bolsillo de tela de algodón quede por dentro del bolso. Pespuntear igualmente el contorno de la solapa. Determinar las zonas adecuadas para colocar las piezas superiores de los cierres de cuero, marcarlas sobre la solapa y finalmente fijar los cierres.

9 ... A continuación, realizar la correa. Pespuntear la tira larga de fieltro a lo largo de ambos cantos. Realizar unos pequeños cortes a unos 3 cm de distancia del extremo de la tira, como se ve en la figura. Colocar el enganche de mosquetón en los cortes, doblar el extremo de la correa y pespuntear. Después fijar el enganche de mosquetón en la anilla con forma de D.

10 ... Para terminar, fijar las tachuelas en la base del maletín. Realizar dos pequeños cortes en el fieltro, cerca de los cantos laterales (utilizar, por ejemplo, unas tijeras puntiagudas de bordado o un descosedor de hilos). Insertar las tachuelas en el fieltro y fijar la pieza complementaria por el lado interior.

GRADO DE DIFICULTAD 3

TAMAÑO
42 x 35 cm

MATERIALES
Fieltro de lana de color marrón jaspeado, de 3 mm de grosor, de 46 x 220 cm

Tela de forro: tela de algodón de color marrón, de 36 x 64 cm

2 hebillas

2 enganches de mosquetón plateados, de 3 cm de largo

4 anillas plateadas con forma de D, de 4 cm de ancho

Cremallera de color marrón grisáceo, de 25 cm de largo

Velcro, de 3 cm de largo

4 tachuelas para la base (suministros para manualidades)

PLIEGO DE PATRONES B

Bolso ingenioso *Cupertino*

GRADO DE DIFICULTAD 1

TAMAÑO
A elección personal

MATERIALES
FUNDA VERDE
Tela exterior: tela de algodón estampada de color verde

Tela de forro: tela de algodón de color verde

Entretela termoadhesiva: fliselina H 250 y H 630

Cierre de velcro de color blanco

FUNDA ROSA
Tela exterior: tela de algodón estampada de color rosa

Tela de forro: tela de algodón de color rosa

Entretela termoadhesiva: fliselina H 250 y H 630

Hilo de bordar del color que se prefiera

Cierre de velcro de color blanco

FUNDA MARRÓN
Tela exterior: tela de algodón a rayas

Tela de forro: tela de tweed de color marrón

Entretela termoadhesiva: fliselina H 250 y H 630

3 botones de madera

Cierre de velcro de color negro

Consejo: adaptar las medidas de las telas a las del aparato correspondiente (ver a la derecha)

MÁRGENES DE COSTURA

Cortar todas las piezas de tela añadiendo 1 cm de margen de costura. Cortar la entretela sin añadir margen de costura.

INSTRUCCIONES

1... Este patrón se puede adaptar a cualquier ordenador portátil o tableta. En primer lugar se necesitan las medidas del aparato correspondiente. Las letras indicadas se refieren a los datos siguientes: anchura (a), profundidad (b), altura (c) y longitud de la solapa de la funda (d).

2... El patrón se calcula del siguiente modo: según el tamaño del aparato, la solapa puede tener una longitud de 15 a 25 cm. Cortar la tela del forro con 10 cm más de longitud que la tela exterior, pues sirve también para la pieza superior. Seguir la figura y añadir las medidas correspondientes; de este modo se obtienen las medidas exactas para las piezas de entretela termoadhesiva. En las medidas de las telas, añadir 1 cm de margen de costura por todos los lados. Seguir el paso siguiente para realizar el corte de las telas.

3... Debido a que puede resultar difícil que rectángulos de entretela tan grandes casen exactamente al aplicarlos con la plancha sobre los rectángulos de tela, se recomienda planchar primero la entretela termoadhesiva sobre la tela completa y después recortar las piezas con 1 cm de margen de costura alrededor. Aplicar con la plancha la entretela termoadhesiva 1 colocada sobre la tela exterior, y la entretela termoadhesiva 2 colocada sobre la tela de forro.

4... A continuación, alinear las piezas derecho con derecho, de modo que los cantos estrechos abiertos casen con exactitud. Prender con alfileres este lado y pespuntear. Coser igualmente los lados de la solapa que quedan enfrente (es decir, la pieza marcada con una "d"), redondeando un poco las esquinas. Alisar con la plancha el margen de costura. Adornar (ver el punto de hilván de la página 111) los primeros 5 cm de la tela de forro (a partir de la costura) que forman la parte superior del bolso. Después, a unos 8 cm de la costura, coser la tira lisa del cierre de velcro en el centro de la tela de forro.

5... Plegar las piezas de tela de modo que la tela exterior y la tela de forro queden alineadas derecho con derecho, con la solapa entre medias.

Coser la tela exterior por los lados y proceder del mismo modo con la tela de forro, pero dejando en un lado 15 cm de abertura para dar la vuelta.

6... Seguidamente dar la vuelta a la funda para comprobar que el aparato cabe dentro. Insertar la pieza de tela de forro dentro de la pieza de tela exterior y alisar. En caso de que la funda no encaje bien, separar las costuras correspondientes y corregir. Si la funda encaja, dar de nuevo la vuelta a las telas y recortar todos los márgenes de costura, dejándolos entre 3 y 5 mm. Volver a dar la vuelta a la funda, planchar la abertura para dar la vuelta y coserla. Después introducir el bolso de tela de forro dentro del bolso de tela exterior y alisar bien con la plancha.

7... Para poder marcar el lugar exacto donde fijar la tira rugosa del cierre de velcro, introducir el aparato dentro de la funda y cerrar la solapa. Marcar la zona y coser aquí el cierre de velcro. Para conseguir más estabilidad, se recomienda rematar a mano la transición entre el bolso y la solapa (donde se encuentran varias costuras) y reforzar con un par de costuras.

Bolso convertible *Praga*

GRADO DE DIFICULTAD 2

TAMAÑO
Bolso para adultos: 30 x 35 x 8 cm
Bolso infantil: 24 x 20 x 8 cm

MATERIALES
BOLSO PARA ADULTOS
Tela exterior: tela vaquera de color azul,
de 120 x 60 cm

Tela de forro: tela de algodón de color azul claro,
de 120 x 60 cm

Entretela termoadhesiva: fliselina H 250
y H 630, de 120 x 50 cm cada una

Cinta para cinturones, de 5 cm de ancho
y 140 cm de largo

Hebilla con puente, de 5 cm de ancho

Hebilla deslizante para correas, de 5 cm
de ancho

Velcro (cinta lisa), de 2 cm de ancho y 30 cm
de largo

SOLAPA CON ORNAMENTO
Tela exterior: tela de algodón de color blanco
y turquesa con casa, de 40 x 40 cm

Tela de forro: tela de algodón de color blanco,
de 40 x 40 cm

Cinta al bies de color turquesa, de 1,50 m
de largo

2 automáticos de color azul, de 1,2 cm Ø

Velcro (cinta rugosa), de 2 cm de ancho
y 30 cm de largo

SOLAPA VAQUERA
Tela exterior: tela vaquera de color azul
(por ejemplo, de unos viejos pantalones
vaqueros), de 40 x 40 cm

Tela de forro: tela de algodón de color azul claro,
de 40 x 40 cm

Tela de color rojo, restos

Fliselina Vliesofix, de 50 x 35 cm

Tela de color azul claro, restos

Cremallera de color azul claro, de 12 cm de largo

2 automáticos de color azul, de 1,2 cm Ø

BOLSO INFANTIL
Tela exterior: tela de cáñamo de color rojo,
de 80 x 40 cm

Tela de forro: tela de algodón de color naranja,
de 80 x 40 cm

Entretela termoadhesiva: fliselina H 250
y H 630, de 70 x 40 cm cada una

Cinta para cinturones de color rojo, de 4 cm
de ancho y 110 cm de largo

Hebilla con puente, de 4 cm de ancho

Hebilla deslizante para correas, de 4 cm
de ancho

Velcro (cinta lisa), de 2 cm de ancho y 23 cm
de largo

BOLSO DE PLÁSTICO
Lámina de plástico transparente (mantel
de mesa), de 30 x 30 cm

Cinta al bies de color azul claro, de 120 cm
de largo

Velcro (cinta rugosa), de 2 cm de ancho
y 23 cm de largo

Cinta reflectante de color azul, de 3 cm de ancho
y 25 cm de largo

2 automáticos de plástico de color azul claro,
de 1,2 cm Ø

SOLAPA VAQUERA CON CORAZÓN
Tela vaquera fina, de 60 x 30 cm

Cintas tejidas con diferentes dibujos,
de 30 cm de largo cada una

	Las indicaciones entre paréntesis se refieren a los bolsos infantiles
Tela exterior	Patrón "lateral (pequeño)" x 2
	Patrón "tira lateral (pequeño)" x 1, cortado siguiendo la raya de la tela
	Patrón "solapa (pequeño)" x 1
Tela de forro	Patrón "lateral (pequeño)" x 2
	Patrón "tira lateral (pequeño)" x 1, cortado siguiendo la raya de la tela
	Patrón "solapa (pequeño)" x 1
Entretela termo-adhesiva	Patrón "lateral (pequeño)" x 1 (de cada una)
	Patrón "tira lateral (pequeño)" x 1 (de cada una)

Tela de color rosa, restos

2 automáticos de plástico de color rosa,
de 12 mm Ø

Velcro (cinta rugosa), de 2 cm de ancho
y 23 cm de largo

SOLAPA CON MAPACHE
Tela de pana de color azul oscuro, de 60 x 30 cm

Tela estampada de color verde, restos

Cinta al bies de color rojo, de 60 cm de largo

Mapache termoadhesivo de color rojo,
de 11 x 9 cm

2 automáticos de plástico de color rojo,
de 1,2 cm Ø

Velcro (cinta rugosa), de 2 cm de ancho y 23 cm
de largo

PLIEGO DE PATRONES A

MÁRGENES DE COSTURA

Cortar todas las piezas de tela añadiendo 1 cm de margen de costura. Recortar el margen de costura en aquellas piezas de tela que van alineadas, canto con canto, y coserlas unidas por estas zonas, como por ejemplo la solapa con ornamento y la solapa de plástico.

INSTRUCCIONES DEL BOLSO

1... Aplicar con la plancha las piezas de entretela termoadhesiva colocadas sobre el reverso de las piezas de tela exterior correspondientes (ver la página 101). Poner, derecho con derecho, la tira lateral sobre una de las piezas laterales del bolso y prender todo con alfileres; para ello, las dos flechas de la tira lateral y de la pieza lateral deben coincidir exactamente. Realizar unos cortes de unos milímetros en las esquinas de la tira lateral (ver la página 104). Coser los tres lados. Coser igualmente la segunda pieza lateral del bolso en la tira lateral. A continuación, coser de la misma forma un bolso de tela de forro, dejando en una de las costuras una abertura de unos 12 cm para dar la vuelta.

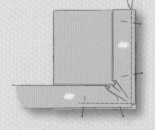

2... Volver del derecho el bolso de tela exterior. Cortar un trozo de 15 cm de cinta para cinturones, enfilar en ella la hebilla deslizante para correas, doblar unos 7,5 cm de la cinta y prender con alfileres en una pieza lateral del bolso, como se muestra en la figura. Prender con alfileres el resto de la cinta para cinturones en la otra pieza lateral del bolso.

3... Envolver el bolso de tela exterior con el bolso de tela de forro, derecho con derecho. Coser juntos los dos bolsos (el de forro y el de tela exterior) por el canto superior. Volver el bolso del derecho a través de la abertura realizada en la costura de la tela de forro.

4... A continuación, pespuntear de nuevo el borde superior. Coser el velcro en la parte trasera (cara lisa del velcro); aquí se fijarán después las diferentes solapas intercambiables.

5... Para colocar el cierre ajustable de longitud, insertar primero el extremo largo de la cinta para cinturones a través de las dos ranuras de la hebilla con puente (desde atrás hacia delante y de nuevo hacia atrás). Después pasar la cinta a través de la hebilla deslizante para correas (de delante hacia atrás) y volver a pasarla alrededor del puente central de la hebilla ajustable (desde arriba hacia abajo). Colocar hacia atrás el final de la cinta para cinturones y coserlo sobre la cinta para cinturones de abajo.

Al llevar el bolso, la costura no queda visible. Por último, fijar los automáticos en las zonas marcadas en el bolso.

SOLAPA VAQUERA

1... Aplicar con la plancha el Vliesofix colocado sobre el reverso de los retales de tela de color azul claro. Después recortar la tela en triángulos alargados y disponerlos, siguiendo el patrón, sobre el lado del derecho de la tela exterior del bolso. Fijarlos con la plancha y pespuntear los bordes. Recortar de aquí la pieza "solapa". Coser un bolsillo oculto con cremallera, siguiendo las instrucciones de la página 105. Aplicar con la plancha otro trozo de Vliesofix colocado sobre el reverso de un trozo de tela roja. Recortar la Puerta de Brandeburgo según el patrón y aplicar con la plancha el motivo sobre la tela. Fijar a continuación los bordes con una costura adicional.

2... Alinear superpuestas las solapas de tela exterior y de tela de forro, derecho con derecho. Coser el borde exterior, dejando una pequeña abertura para dar la vuelta. Volver la solapa del derecho y pespuntear de nuevo el borde exterior.

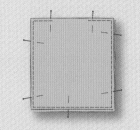

3... Coser el velcro (tira con la cara rugosa) sobre el lado de la tela de forro. Por último, fijar los automáticos en las marcas.

SOLAPA CON ORNAMENTO

Alinear, revés con revés, la solapa de tela exterior y la solapa de tela de forro; el motivo de la tela exterior queda por fuera. Pespuntear los bordes casi al ras del canto. Ribetear el canto exterior con la cinta al bies; de este modo la costura de pespunte queda oculta. Fijar los automáticos en las marcas y coser el velcro (tira con cara rugosa) por el lado de la tela de forro (ver arriba el punto 3).

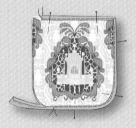

SOLAPAS PARA LOS BOLSOS INFANTILES

Las solapas para los bolsos infantiles se confeccionan siguiendo las instrucciones de la izquierda.

En la **solapa transparente**, coser primero la cinta reflectante; después ribetear el borde con la cinta al bies y fijar el velcro (tira con la cara rugosa) y los automáticos.

En la **solapa con corazón**, coser primero las cintas tejidas; después doblar por la mitad el trozo de tela rosa, dejando el lado del derecho de la tela por el interior, y coser la forma de corazón. Cortar un agujero en uno de los lados, dar la vuelta al corazón a través del agujero y alisar con la plancha. A continuación, coser el corazón sobre el bolso; el lado con el agujero para dar la vuelta queda abajo. Completar la solapa siguiendo las instrucciones de los pasos 2 y 3 de la solapa vaquera.

En la **solapa con mapache**, ribetear primero los bordes superior e inferior de la tela verde con la cinta al bies; después coser la pieza ribeteada sobre la solapa del bolso. Aplicar con la plancha la figura del mapache, siguiendo las instrucciones del fabricante. Completar la solapa siguiendo las instrucciones de los pasos 2 y 3 de la solapa vaquera.

Bolso clásico *Guiza*

GRADO DE DIFICULTAD 2

TAMAÑO
40 x 36 x 13 cm

MATERIALES
MOCHILA CON FLORES
Tela exterior: tela de algodón fuerte de color lila con estampado de flores, de 110 x 60 cm

Tela de forro 1: tela de algodón fuerte de color verde y fucsia con estampado geométrico, de 110 x 65 cm

Tela de forro 2: tela de algodón de color blanco, de 50 x 70 cm (bolsillo interior)

Entretela termoadhesiva 1: fliselina H 250, de 20 x 18 cm

Entretela termoadhesiva 2: Dekovil I, de 13,5 x 26 cm

Cordón dorado, de 6 mm Ø y 105 cm de largo

Botón simple, de 2,9 cm Ø

Cremallera de color fucsia y violeta, de 20 cm de largo (1 de cada color)

2 arandelas doradas, de 1,4 cm Ø

Automático de color negro, de 1,2 cm Ø

2 hebillas plateadas, de 2 cm (correas)

MOCHILA DE CÁÑAMO
Tela exterior: tela de cáñamo de color beige, de 110 x 90 cm

Tela de forro 1: tela de cáñamo de color marrón oscuro, de 110 x 70 cm

Entretela termoadhesiva 1: fliselina H 250, de 90 x 60 cm

Entretela termoadhesiva 2: Dekovil I, de 13,5 x 26 cm

2 cremalleras de color marrón oscuro, de 20 cm de largo

2 arandelas doradas, de 1,4 cm Ø

2 automáticos de color negro, de 1,2 cm Ø

2 hebillas plateadas, de 2 cm (correas)

PLIEGO DE PATRONES B

Tela exterior	Patrón "mochila" x 1, cortado siguiendo la raya de la tela
	Patrón "solapa" x 1 (redonda o cuadrada)
	Patrón "solapa del bolsillo exterior" x 1
	Tira superior para la correa x 2, de 40 x 5,5 cm cada tira (solo para la mochila con flores)
Tela de forro 1	Patrón "mochila" x 1, cortado siguiendo la raya de la tela
	Patrón "solapa" x 1 (redonda o cuadrada)
	Patrón "bolsillo exterior" x 1
	Cuadrado para el bolsillo interior x 1, de 20 x 20 cm
	Tira diagonal x 1, de 82 x 3,5 cm (cinta al bies)
	Tira inferior para la correa x 2, de 90 x 3,5 cm
	Tira superior para la correa x 2, de 40 x 5,5 cm (solo para la mochila de cáñamo)
Tela de forro 2 (utilizar tela exterior para la mochila de cáñamo)	Patrón "bolsillo exterior" x 1
	Patrón "solapa del bolsillo exterior" x 1
	Rectángulo para el bolsillo interior oculto x 2, de 25 x 52 cm
Entretela termoadhesiva 1	Patrón "solapa" x 1 (redonda o cuadrada)
	Patrón "mochila" x 1, cortado siguiendo la raya de la tela (solo para la mochila de cáñamo)
Entretela termoadhesiva 2	Patrón "base" x 1

MÁRGENES DE COSTURA

Cortar todas las piezas del pliego de patrones añadiendo 1 cm de margen de costura. En los rectángulos y tiras de tela, el margen de costura está incluido en las medidas indicadas. Cortar la entretela sin añadir margen de costura.

INSTRUCCIONES

1... Para confeccionar el bolso de cáñamo, aplicar primero con la plancha la entretela termoadhesiva 1 colocada sobre la pieza de tela exterior. Después montar el bolsillo interior en la pieza del forro; para ello, rematar todos los lados del cuadrado de tela: plegar dos veces los cantos, planchar y pespuntear. Coser el cuadrado obtenido en el centro de la pieza del forro, a unos 16 cm por debajo del canto superior y emplazar encima una cremallera con bolsillo interior oculto, a 2 cm de distancia (ver la página 105).

2... Alinear, derecho con derecho, las piezas "bolsillo exterior" y "solapa del bolsillo exterior" de tela exterior y de tela de forro y coserlas juntas, dejando una abertura para dar la vuelta en el canto superior. Dar la vuelta al bolso, alisar con la plancha y pespuntear el canto superior.

3... Coser un ojal del tamaño adecuado en el centro de la solapa de la mochila con flores. Forrar el botón con tela de forro 1, siguiendo las instrucciones de la página 103. Colocar luego el bolsillo exterior sobre el lado delantero de la tela exterior, prender con alfileres y unirlo con una costura. Montar encima la solapa del bolsillo. Marcar el lugar adecuado para coser el botón en el bolsillo exterior y coserlo. En el caso de la mochila de cáñamo, coser un automático.

4... A continuación, fijar las dos arandelas en medio de la parte delantera de la tela exterior, por encima del bolsillo frontal y a unos 5 cm por debajo del canto superior.

5... Emplazar una cremallera con bolsillo interior oculto en la otra mitad de tela exterior (reverso del bolso), a una distancia de 12 cm del canto superior (ver las instrucciones de la página 105).

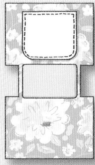

6... Aplicar ahora la pieza "base" de entretela termoadhesiva 2, según muestra la figura, sobre el revés de la tela exterior. Seguidamente doblar la tela exterior, derecho con derecho, prender con alfileres los cantos laterales y coserlos. Alinear superpuestos los cantos de las pinzas y pespuntear. Dar la vuelta al bolso y plancharlo.

7... Plegar la tela de forro como se indica arriba y luego coserla. Introducir el bolso de tela de forro dentro del bolso de tela exterior, prender con alfileres las dos capas a lo largo del canto superior y pespuntear con una costura a unos 5 cm de distancia del canto superior. De este modo quedan unidas las dos piezas del bolso y se obtiene a la vez un pasacintas.

Colocar el cordón exactamente sobre la costura; pasar los extremos del cordón a través de las arandelas de la parte delantera del bolso y anudar. Unir con punto de zigzag los cantos superiores abiertos de tela exterior y tela de forro. Prender con alfileres alrededor la cinta al bies y coserla.

8... Reforzar la solapa de la mochila de tela de forro con entretela termoadhesiva 1. Después alinearla, derecho con derecho, sobre la pieza de tela exterior y coserlas juntas, dejando una abertura para dar la vuelta en el canto recto. Dar la vuelta a la tela, planchar y coser la abertura para dar la vuelta. Coser la solapa en el centro de la parte trasera del bolso; dependiendo de la anchura del canto de la cinta al bies y de lo fuerte que sea la tela, la solapa se puede coser alineada con el canto de la cinta al bies o 1 cm por debajo.

9... A continuación, confeccionar las correas; se componen de dos piezas unidas por medio de una hebilla. Para realizar la pieza inferior de cada correa, doblar los cantos alargados de las tiras de tela más largas con ayuda de una plegadora de cintas al bies: se obtiene una tira de 1,8 cm de ancho. Enfilar un extremo de la cinta a través de la hebilla, según la figura inferior; y pasarla hasta la mitad, plegar y pespuntear. Así se obtiene una única tira de un poco menos de 45 cm. Pespuntear luego los cantos exteriores de la tira de tela.

10... Para confeccionar las piezas superiores de las correas, doblar las tiras de tela más cortas por la mitad, a lo largo, y pespuntear a 2 cm de distancia del doblez; se obtiene así una tira tubular de tela de 2 cm de ancho. Pespuntear un extremo de la tira tubular, darle la vuelta (en caso necesario, utilizar un palillo chino o algo similar) y alisar con la plancha. Meter 1 cm hacia dentro el extremo abierto de la tira tubular y pespuntear.

11... Pasar las correas a través de las hebillas, tal como se muestra en la figura. La longitud puede ajustarse como se prefiera.

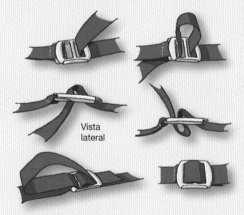

Vista lateral

12... Para terminar, fijar las correas en la mochila. El extremo superior de la correa es aquel con el que se ha confeccionado la tira tubular de tela. Coser los dos extremos en el centro, por debajo de la solapa de la mochila; al hacerlo, tener cuidado de no coser a la vez el cordón de la mochila. Después coser los otros extremos de las correas en la esquina correspondiente de la base del bolso y ajustar las correas a la longitud que se prefiera.

Consejo Para trabajar piezas de patchwork con dibujo a rayas, como las que se han utilizado en la mochila de cáñamo para la solapa de la mochila y la solapa del bolsillo exterior, coser seguidas varias tiras de tela de diferente anchura, unidas por los lados alargados, y planchar los márgenes de costura. Por último, aplicar encima la fliselina con la plancha, coser las piezas y recortar los márgenes de costura.

Bolso deportivo *Olympia*

GRADO DE DIFICULTAD 3

TAMAÑO
32 x 37 x 10 cm

MATERIALES
BOLSO MARRÓN

Tela exterior 1: tela de algodón estampada de color marrón, de 60 x 60 cm

Tela exterior 2: tela de algodón fuerte de color marrón, de 70 x 80 cm

Tela de forro: tela de algodón de color marrón, de 100 x 60 cm

Entretela termoadhesiva: fliselina H 250 y H 630, de 140 x 60 cm

Cremallera de color marrón, de 34 cm de largo

Cinta para cinturones, de 4 cm de ancho y 110 cm de largo

Cinturón de seguridad (para vehículos), de 4 cm de ancho y 110 cm de largo

2 pasacorreas, de 4 cm de ancho

BOLSO AZUL

Tela exterior: tela vaquera de color azul oscuro, de 140 x 70 cm

Tela de forro: tela de algodón de color azul oscuro, de 100 x 60 cm

Entretela termoadhesiva: fliselina H 250 y H 630, de 140 x 60 cm

Cremallera de color azul, de 34 cm de largo

Cinta para cinturones, de 4 cm de ancho y 110 cm de largo

Cinturón de seguridad (para vehículos), de 4 cm de ancho y 110 cm de largo

2 pasacorreas, de 4 cm de ancho

PLIEGO DE PATRONES A

MÁRGENES DE COSTURA

Cortar todas las piezas de tela añadiendo 1 cm de margen de costura. Cortar la entretela sin añadir margen de costura.

INSTRUCCIONES

1... Aplicar con la plancha las piezas de entretela termoadhesiva colocadas sobre el lado del revés de las piezas de tela exterior (ver la página 101). Este bolso va con doble capa de entretela. Coser la cremallera entre las piezas "delantera" y "pieza superior"; para ello alinear la pieza superior, derecho con derecho, sobre la cremallera. El borde de la cremallera y el borde de la tela casan exactamente. Pespuntear muy cerca del canto y después doblar hacia arriba la pieza superior del bolso. Coser la delantera del bolso siguiendo el mismo principio. En el caso del bolso vaquero, confeccionar un pequeño bolsillo siguiendo como modelo el bolsillo de un pantalón vaquero y coserlo en la pieza delantera del bolso.

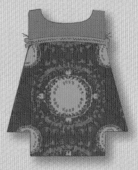

2... Colocar superpuestos los cantos verticales y horizontales de las esquinas inferiores y coser las pinzas.

3... Cortar un trozo de 55 cm de cinturón de seguridad (para cada correa) y prenderlo con alfileres sobre el lado del derecho de la trasera del bolso; las líneas del patrón marcan la disposición exacta.

Tela exterior 1	Patrón "delantera" x 1, cortado siguiendo la raya de la tela
Tela exterior 2	Patrón "pieza superior" x 1, cortado siguiendo la raya de la tela
	Patrón "trasera" x 1, cortado siguiendo la raya de la tela
	Patrón "correa" x 2
Tela de forro	Patrón "trasera del forro" x 1, cortado siguiendo la raya de la tela
	Patrón "delantera del forro" x 1, cortado siguiendo la raya de la tela
Entretela termo-adhesiva	Patrón "delantera" x 1
	Patrón "pieza superior" x 1, cortado siguiendo la raya de la tela
	Patrón "trasera" x 1, cortado siguiendo la raya de la tela
	Patrón "correa" x 2

4... A continuación, prender con alfileres la pieza delantera que acabamos de realizar (compuesta por pieza superior y delantera del bolso) sobre la pieza trasera del bolso (para ello, abrir por la mitad la cremallera); cerrar las costuras laterales, la costura de la base y del arco superior. Volver el bolso del derecho a través de la cremallera.

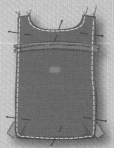

5... Doblar por la mitad, a lo largo, las tiras de tela para las correas, y coser el canto alargado abierto; volver del derecho la tira para las correas. Cortar la cinta para cinturones en trozos de 55 cm de largo y pasar cada trozo de cinta para cinturones por el interior de la tira de la correa: por el lado superior, la cinta para cinturones sobresale solo unos pocos centímetros. Pasar el borde inferior de la cinta para cinturones a través del segundo puente (desde arriba) del pasacorreas y deslizar el extremo abierto también por el interior de la tira de la correa. A continuación, coser juntas todas las capas de tela y la cinta para cinturones.

6... Doblar 1 cm hacia dentro las dos zonas aún abiertas de la mochila. Introducir 2 cm del extremo superior de la correa en el interior de la abertura correspondiente y coser todas las capas.

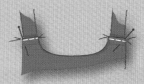

7... Insertar el cinturón de seguridad por detrás y por abajo, a través de la abertura central del pasacorreas, y volver a pasarlo hacia abajo a través de la abertura inferior del pasacorreas. Ahora debe ser posible regular la longitud de las correas de la mochila. Doblar dos veces hacia atrás los extremos aún abiertos de las cintas para cinturones y coserlos.

8... Por último, coser juntas las dos piezas de tela de forro siguiendo las instrucciones de los pasos 2 y 4, pero unir solamente las piezas laterales y la base; el borde superior se deja sin coser. Completar la costura a unos 2 cm por debajo del borde superior de la pieza delantera. Doblar 1 cm del revés el borde de la pieza trasera y prender con alfileres. Introducir el bolso de tela de forro dentro de la mochila. Coser, justo en el lado interior de la cremallera, el borde antes doblado de la pieza delantera de tela de forro. Introducir el borde superior de la pieza trasera entre la pieza superior del bolso y la pieza trasera de tela exterior y, a continuación, coser todas las capas de tela juntas por encima de la cremallera. La tela de forro se cose a la vez.

Bolso aerodinámico *Berlín*

GRADO DE DIFICULTAD 2

TAMAÑO

Bolso para adultos: 38 x 50 x 10 cm
(32 cm con la solapa cerrada)

Bolso infantil: 26 x 32 x 8 cm
(19 cm con la solapa cerrada)

MATERIALES
BOLSO TURQUESA

Loneta de color turquesa, azul, naranja y blanco, de 100 x 80 cm

Cinturón de seguridad de color negro, de 5 y 3 cm de ancho y 40 cm de largo cada uno

Cinta para cinturones de color negro, de 5 cm de ancho y 140 cm de largo

Hebilla deslizante para correas de color negro, de 5 cm de ancho

Hebilla de apriete por fricción de color negro, de 5 cm de ancho

Hebilla de desenganche rápido (o de inserción) de color negro, de 3 cm de ancho

Cinta para ribetes de color negro (sintética), de 2 cm de ancho y 90 cm de largo

Cinta adhesiva de doble cara sin disolvente (por ejemplo, Stylefix)

BOLSO ROJO

Loneta de color rojo y blanco, de 100 x 80 cm

Cinturón de seguridad de color negro, de 5 cm de ancho y 40 cm de largo

Cinta para cinturones de color negro, de 5 cm de ancho y 140 cm de largo

Hebilla deslizante para correas de color negro, de 5 cm de ancho

Hebilla de apriete por fricción de color negro, de 5 cm de ancho

Cinta para ribetes de color negro (sintética), de 2 cm de ancho y 90 cm de largo

Cinta adhesiva de doble cara sin disolvente (por ejemplo, Stylefix)

BOLSO INFANTIL

Loneta de color rojo, azul oscuro y blanco, de 70 x 90 cm

Cinturón de seguridad de color negro, de 4 cm de ancho y 110 cm de largo

Hebilla de apriete por fricción de color negro, de 4 cm de ancho

Cinta para ribetes de color negro (sintética), de 2 cm de ancho y 60 cm de largo

Cinta tejida de color rojo y blanco a cuadros, de 1,6 cm de ancho y 50 cm de largo

Cinta adhesiva de doble cara sin disolvente (por ejemplo, Stylefix)

PLIEGO DE PATRONES A Y B

Lona

Patrón "Berlín" x 2, (o "Berlín pequeño" para el bolso infantil)

Patrón "autobús", "79" o "bandera inglesa" x 1

MÁRGENES DE COSTURA

Cortar las piezas de lona añadiendo 1 cm de margen de costura; recortar el margen de costura en los cantos que no van cosidos con otras piezas de lona, como en el borde superior del bolso: este borde se remata con la cinta para ribetes.

Consejo Procurar que la loneta elegida no esté reforzada con fibra de vidrio ya que puede dañar la máquina de coser si cae en ella mientras se trabaja. Se recomienda programar un punto de costura largo para evitar que la loneta se desgarre y utilizar una aguja del n.° 90.

INSTRUCCIONES

1... Coser las aplicaciones en la parte delantera del bolso. Recortar los motivos en el color que se prefiera y distribuirlos en la parte delantera del bolso; fijar los motivos con la cinta adhesiva de doble cara y coser los bordes a máquina. Plegar la cinta para ribetes por la mitad, a lo largo, envolver con ella el borde superior del bolso y pespuntearla.

2... En el caso del bolso turquesa, coser las dos piezas de la hebilla de desenganche rápido, en las zonas marcadas en la delantera y la trasera del bolso con ayuda del cinturón de seguridad de 3 cm de ancho. Quemar con una llama los extremos del cinturón para evitar que se deshilachen. Dejar la cinta para cinturones un poco más larga para que la hebilla pueda ajustar bien la longitud.

3... Alinear, derecho con derecho, la delantera y la trasera del bolso. En el caso del bolso para adultos, dividir por la mitad el cinturón de seguridad de 5 cm de ancho, quemar con una llama los extremos del cinturón para evitar que se deshilachen y después colocar el cinturón en las zonas marcadas entre las lonetas, como muestra la figura. Para el bolso infantil, cortar un trozo de cinturón de seguridad de 20 cm de largo. Colocar la pieza larga y la pieza corta, como muestra la figura, entre las capas de loneta. Coser juntos los laterales y la base del bolso. En las dos esquinas, situar la costura lateral sobre la costura de la base y cerrar las pequeñas pinzas laterales, como se aprecia en la figura. Volver el bolso del derecho.

4... A continuación, pasar un extremo del cinturón de seguridad, de delante hacia atrás, a través de la hebilla deslizante para correas y doblarlo; el lado corto doblado señala hacia la parte trasera del bolso. Rematar el extremo con una costura, pasar después la cinta para cinturones a través de la hebilla deslizante, doblarla hacia atrás y coserla.

Cinta para cinturones

Cinturón de seguridad

5... Colocar el segundo trozo de cinturón de seguridad —en el otro lado del bolso— alrededor del puente inferior de la hebilla de apriete por fricción, doblar y pespuntear. Doblar dos veces hacia atrás el extremo abierto de la cinta para

cinturones y pespuntearla. Pasar la cinta a través de la hebilla de apriete por fricción, ajustar la longitud deseada y cerrar la hebilla.
En este caso, la pieza superior del bolso va plegada hacia atrás, para que quede visible el motivo completo del bolso rojo.

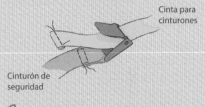

Cinta para cinturones

Cinturón de seguridad

Consejo Antes de empezar a coser el bolso, se recomienda fijar las piezas de loneta con cinta adhesiva de doble cara sin disolventes y sin capa tejida, para evitar así el deslizamiento de las piezas de loneta.

Modernos
bolsos auxiliares

Podemos guardar todo lo necesario
para un viaje de fin de semana dentro
de cualquier bolsa, pero es mucho más
bonito y más práctico utilizar este neceser
moteado de color rojo y blanco, con sus
múltiples pequeños compartimentos,
para guardar la pasta de dientes, la barra
de labios y otros objetos. Estos bolsos
auxiliares también pueden servir para
llevar el almuerzo del mediodía, dentro
de un envoltorio de plástico: un bolso para
el almuerzo se cose en un santiamén y
mantiene frescas las pequeñas delicias
hasta la hora de disfrutarlas.

En este capítulo se incluyen múltiples
bolsos auxiliares, prácticos y elegantes.

Seattle
Página 76

Río de Janeiro
Página 82

Washington
Página 84

Kuala Lumpur

Página 87

Bolso atractivo Seattle

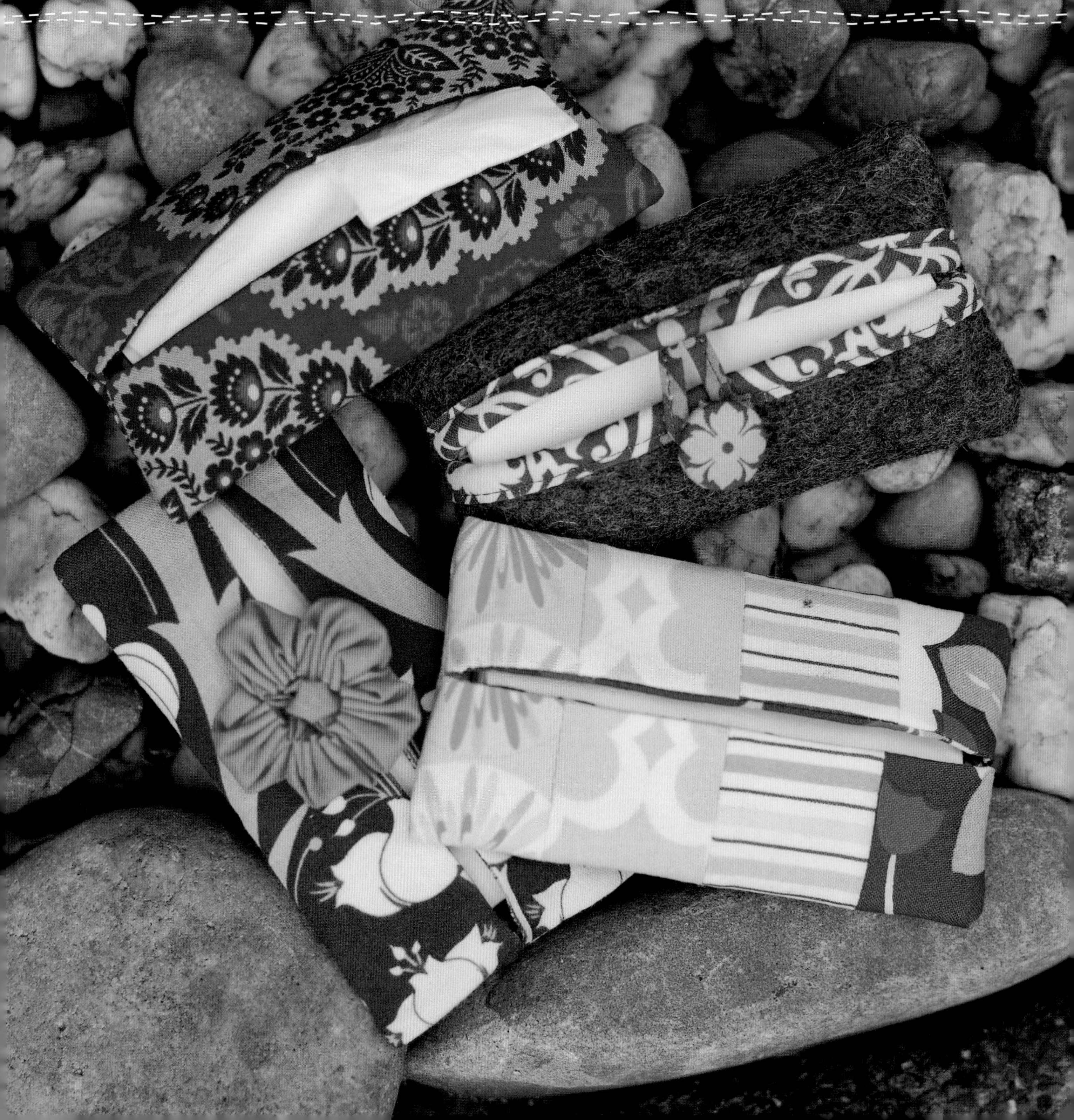

MÁRGENES DE COSTURA

En las medidas indicadas para estos modelos viene ya incluido 1 cm de margen de costura.

INSTRUCCIONES

1... La forma básica de este práctico bolsito para pañuelos es muy sencilla, pero puede adornarse de varias maneras. La forma básica se realiza del modo siguiente: aplicar con la plancha la entretela termoadhesiva, colocada sobre la tela exterior. Después alinear derecho con derecho, la tela exterior y la tela de forro; coserlas juntas, dejando por un lado una abertura para dar la vuelta de unos 4 cm. Dar la vuelta a la tela y planchar. Coser la abertura para dar la vuelta.

2... Doblar hacia el centro los dos cantos, derecho con revés, y prender con alfileres. Pespuntear los cantos superior e inferior casi al ras del borde, dar la vuelta a la tela y planchar. ¡Terminado!

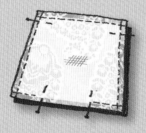

GRADO DE DIFICULTAD 1

TAMAÑO
12 x 7 cm

MATERIALES
Tela exterior: tela de algodón, de 16 x 16 cm, o fieltro, de 14 x 14 cm

Tela de forro: tela de algodón (la que se prefiera), de 16 x 16 cm

Entretela termoadhesiva: fliselina H 250, de 14 x 14 cm (no para el bolso de fieltro)

Cinta al bies, flores de tela, botones, etc.

VARIACIONES

El bolsito para pañuelos se puede confeccionar también aplicando la técnica de patchwork (a juego con el bolso Ámsterdam y como cartera para el bolso Nueva York). Coser unidas cuatro tiras de unos 5 x 16 cm, planchar las costuras y luego aplicar la entretela con la plancha. A continuación, proceder como se ha indicado más arriba.

Si el bolso está confeccionado con fieltro, eliminar el paso 1. Plegar los cantos laterales hacia el centro y pespuntear. En este caso, no es necesario dar la vuelta al bolso de fieltro. En el bolsito gris de fieltro (a juego con el bolso

París), ribetear primero los cantos laterales con cinta al bies (ver la página 110), fijar una tirilla de ojal y coser un botón forrado con tela (ver la página 103). Realizar todo con la misma tela. Para confeccionar la tirilla del ojal utilizar un trozo de tela de unos 6 x 2 cm. Plegar hacia el centro los cantos alargados, planchar, volver a plegar a lo largo, planchar de nuevo y pespuntear. Formar una tirilla con la tira y fijarla en un lado del bolso para pañuelos. La flor de tela se realiza con ayuda de una plantilla de flores yoyó, siguiendo las instrucciones del fabricante, y después se cose en el bolso.

MÁRGENES DE COSTURA

Cortar todas las piezas sin añadir margen de costura, pues viene incluido en los patrones y en las medidas de los rectángulos (1 cm).

Tela exterior	Patrón "cartera" x 1, cortado siguiendo la raya de la tela
Tela de forro 1	Patrón "cartera x 1, cortado siguiendo la raya de la tela
Tela de forro 2	Tira para el compartimento para las tarjetas x 1, de 12 x 56 cm
	Rectángulo x 1, de 12 x 21 cm
	Rectángulo para el bolsillo interior oculto x 1, de 14 x 19 cm
	Tira diagonal x 1, de 0,5 x 3,5 cm (cinta al bies)
Tela de forro 3	Rectángulo x 1, de 12 x 21 cm
	Patrón "bolsillo monedero", cortado siguiendo la raya de la tela
Entretela termo-adhesiva 1	Patrón "cartera" x 1, cortado siguiendo la raya de la tela
Entretela termo-adhesiva 2	Patrón "compartimento para las tarjetas" x 1
	Patrón "bolsillo monedero" (no cortado siguiendo la raya de la tela)

INSTRUCCIONES

1... Preparar el compartimento para las tarjetas: doblar en abanico la tira larga de tela de forro 2, según muestra la figura, y alisar con la plancha.

2... Colocar este abanico sobre el rectángulo de tela de forro 3, de modo que los cantos inferiores casen exactamente. Pespuntear los cantos laterales e inferiores para que la pieza no se deslice.

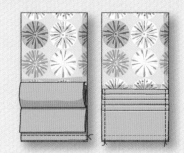

3... Colocar la pieza "compartimento para las tarjetas" de fliselina sobre el rectángulo correspondiente de tela de forro 2 y aplicar con la plancha. Seguidamente, colocar el rectángulo, derecho con derecho, sobre el abanico preparado antes y coser por los cantos marcados (en rojo). Dejar que en estos cantos sobresalgan unos 3-5 mm de tela; los otros dos cantos se pueden recortar. Dar la vuelta a las piezas de tela y planchar.

4... A continuación, preparar el bolsillo monedero. Doblar la pieza correspondiente de tela de forro 3 y determinar qué mitad debe señalar hacia arriba. Reforzar con fliselina este lado, por el revés, y montar en él un bolsillo interior oculto (ver la página 105), de manera que la cremallera quede emplazada a unos 4 cm del canto exterior. Doblar por la mitad la pieza de tela y planchar. Ahora el compartimento para las tarjetas y el bolsillo monedero tienen las formas terminadas, solo los cantos exteriores quedan aún abiertos.

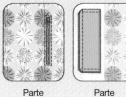

Parte delantera   Parte trasera

5... La cartera se confecciona con varias capas. Colocar primero la pieza de tela exterior sobre la superficie de trabajo, con el Dekovil hacia arriba; situar encima la misma pieza de tela de forro 1, de modo que el lado estampado señale hacia arriba; prenderlo todo con alfileres. Colocar el compartimento para las tarjetas a la izquierda y el bolsillo monedero a la derecha, y prenderlo también con alfileres. Unir todas las capas juntas con una costura hecha alrededor con punto en zigzag y recortar la tela que sobre en los cantos.

6... A continuación, ribetear el contorno con la cinta al bies (ver la página 110). Forrar el botón con tela (ver la página 103) y fijarlo en la parte delantera de la cartera. Por último, coser la cinta de satén en el reverso de la cartera: se puede anudar o enrollar alrededor del botón para cerrar la cartera.

GRADO DE DIFICULTAD 2

TAMAÑO
24 x 13 cm

MATERIALES
Tela exterior: tela de algodón de color azul con flores, de 24 x 24 cm

Tela de forro 1: tela de algodón a rayas, de 24 x 24 cm

Tela de forro 2: tela de algodón de color verde, de 60 x 60 cm

Tela de forro 3: tela de algodón con círculos, de 24 x 32 cm

Entretela termoadhesiva 1: Dekovil I, de 30 x 30 cm

Entretela termoadhesiva 2: fliselina H 250, de 30 x 30 cm

Cremallera de color turquesa, de 16 cm de largo

Botón simple, de 1,9 cm Ø

Cinta de satén de color turquesa, de 6 mm de ancho y 35 cm de largo

PLIEGO DE PATRONES B

Bolso extensible *Perugia*

MÁRGENES DE COSTURA

Cortar todas las piezas de tela añadiendo 1 cm de margen de costura. Cortar la entretela sin añadir margen de costura.

INSTRUCCIONES

1... Trabajar una pieza de patchwork con las telas para el bolso con flores; la pieza central es de color rojo y en los extremos se coloca la tela de color blanco y azul (con flores). El Thermolam no dispone de cara adhesiva, por lo que necesita fijarse con pegamento textil en aerosol (seguir las instrucciones del fabricante). Doblar a lo largo la tira de tela para el cierre, dejando por dentro el lado del derecho de la tela; coser por el borde, recortar después un trozo de 10 cm de esta tira y pasarlo a través de la pieza inferior de la hebilla de desenganche rápido. Colocar hacia atrás los lados abiertos de la tela y coserlos en las zonas marcadas en el lado delantero del

Tela exterior	Patrón "bolso" x 1, cortado siguiendo la raya de la tela
	Cierre x 1, de 4 x 40 cm (solo para el bolso con flores)
Tela de forro	Patrón "bolso" x 1, cortado siguiendo la raya de la tela
Entretela	Patrón "bolso" x 1, cortado siguiendo la raya de la tela

bolso. Rematar los extremos de la tira de tela sobrante y fijarlos en las zonas marcadas en el reverso del bolso.

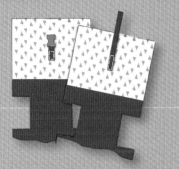

En el caso del bolso vaquero, pegar el Thermolam colocado sobre la parte trasera de tela exterior. Cortar un trozo de la cinta de cuero de 5 cm de largo y coserlo en la marca de la delantera del bolso. Coser el trozo de cuero según se muestra en la figura, dejando en el centro una parte libre para poder pasar la tira larga. Coser el resto de la tira de cuero en la marca del reverso del bolso y fijar los remaches como se ve en la fotografía.

2... A continuación, doblar el bolso, derecho con derecho, siguiendo la raya de la tela y coser juntos los dos bordes. Colocar en ambas esquinas la costura lateral sobre la costura de la base y cerrar las pinzas laterales como se muestra en la figura. Después volver el bolso del derecho y colocar el trozo de fieltro fuerte en el bolso.

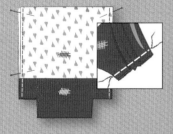

3... Coser el bolso de tela de forro como se indica en el paso 2, pero sin volverlo del derecho. Introducir el bolso de forro dentro del bolso de tela exterior y coser por el borde superior, muy ceñido al canto. Coser la cinta al bies alrededor del canto superior, ocultando de este modo la costura de pespunte. Luego pasar la pieza superior de la hebilla de desenganche rápido a través del extremo largo de la cinta.

4... Para realizar la funda de la bolsa isotérmica tomar primero las medidas de esta. Calcular el doble de la longitud y añadirle 3 cm más; la anchura se queda igual. Transferir las medidas calculadas, más el margen de costura, sobre la tela de forro y cortar. Doblar dos veces hacia dentro los lados cortos de la pieza (unos 8 mm) y pespuntear; doblar hacia el centro los extremos cortos, de modo que sobresalgan 3 cm; el lado del derecho de la tela queda por el interior. Después cerrar ambos lados con una costura y volver la funda del derecho. Introducir la bolsa isotérmica dentro de la funda de tela. Para cerrar el bolso, enrollar el borde superior y cerrar con la hebilla de inserción.

GRADO DE DIFICULTAD 1

TAMAÑO
17 x 28 x 12 cm

MATERIALES
BOLSO VAQUERO
Tela exterior: tela vaquera, de 40 x 80 cm

Tela de forro: tela encerada de color turquesa con estampado de flores, de 40 x 80 cm

Entretela: Thermolam, de 40 x 90 cm

Tira de cuero, de 30 x 2 cm

2 remaches, de 5 mm Ø

Cinta al bies de color turquesa, de 2 cm de ancho y 80 cm de largo

Bolsa isotérmica, de 15 x 12 cm

Fieltro fuerte, de 17 x 12 cm, restos

Pegamento textil en aerosol

BOLSO CON FLORES
Tela exterior 1: tela de algodón de color blanco con flores azules, de 40 x 60 cm

Tela exterior 2: tela de algodón de color rojo, de 40 x 30 cm

Tela de forro: tela encerada de color rojo con lunares rosas, de 40 x 80 cm

Entretela: Thermolam, de 40 x 90 cm

Hebilla de desenganche rápido (o de inserción) de color negro, de 2 cm de ancho

Cinta al bies de color rojo, de 2 cm de ancho y 80 cm de largo

Bolsa isotérmica, de 15 x 12 cm

Fieltro fuerte, de 17 x 12 cm, restos

Pegamento textil en aerosol

PLIEGO DE PATRONES A

Bolso actual *Rio de Janeiro*

MÁRGENES DE COSTURA

Cortar todas las piezas de tela y de entretela añadiendo 1 cm de margen de costura. Si se desea un bolso un poco más pequeño, eliminar los márgenes de costura. Cortar el bolso verde sin márgenes de costura.

INSTRUCCIONES

1... Aplicar con la plancha la entretela termoadhesiva colocada sobre la pieza de tela exterior. Alinear las tiras laterales, derecho con derecho. Coser juntos los extremos cortos y volver del derecho.

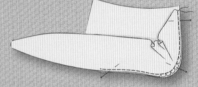

2... Alinear cada pieza lateral de tela exterior, revés con revés, sobre la pieza correspondiente de tela de forro. A continuación, prender con alfileres la tira lateral en los lados y coserla muy cerca del borde; las marcas han de quedar exactamente superpuestas. Para facilitar la costura de los bordes redondeados, realizar algunos cortes de unos milímetros en el margen de costura de la tira lateral (ver la página 104).

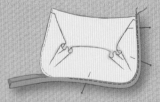

3... Ribetear el canto exterior con la cinta al bies, ocultando de este modo la costura de pespunte. Siguiendo el mismo principio, cerrar el otro lado del bolso —aún abierto— y ribetear también el canto con la cinta al bies.

Consejo ¡Estampar el motivo de adorno con el pájaro antes de cortar la tela y dejar secar bien!

GRADO DE DIFICULTAD 2

TAMAÑO
21 x 15 x 7 cm

MATERIALES
BOLSO ROSA
Tela exterior: tela de algodón de color rosa con estampado de flores marrón y blanco, de 70 x 40 cm

Tela de forro: tela de algodón de color marrón, de 70 x 40 cm

Tela de color marrón, restos

Entretela termoadhesiva: fliselina H 250, de 70 x 40 cm

Cinta al bies de color marrón, de 2 cm de ancho y 2 m de largo

Cremallera de color rosa, de 22 cm de largo

BOLSO BLANCO
Tela exterior y tela de forro: tela de algodón de color blanco, de 70 x 80 cm

Tela de color turquesa moteada, restos

Entretela termoadhesiva: fliselina H 250, de 70 x 40 cm

Cinta al bies de color turquesa, de 2 cm de ancho y 2 m de largo

Cremallera de color turquesa, de 22 cm de largo

Plantilla de serigrafía: pájaro, de 18 x 13 cm

Pintura textil de color turquesa

Tampón: alfabeto, de 1 cm de alto

Almohadilla de tampón sobre textil de color azul oscuro

BOLSO VERDE
Tela exterior y tela de forro: tela de algodón de color verde con estampado blanco y azul, de 70 x 80 cm

Entretela termoadhesiva: fliselina H 250, de 70 x 40 cm

Cinta al bies de color azul claro, de 2 cm de ancho y 2 m de largo

Cremallera de color azul claro, de 22 cm de largo

PLIEGO DE PATRONES A

---

4 ... Doblar hacia abajo el borde superior de un lado del bolso y prender con alfileres. Coser la cremallera muy ceñida al canto superior del bolso: el lado del revés de la cremallera debe señalar hacia la tela de forro y el tirador hacia arriba. Ribetear juntos la cremallera y el bolso con la cinta al bies. Retirar los alfileres. Coser la cremallera en el otro borde superior.

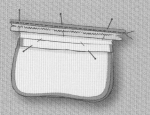

5 ... Doblar la lengüeta siguiendo la raya de la tela; los lados del derecho de la tela quedan por el interior. Colocar los márgenes de costura del borde inferior hacia arriba (hacia fuera), después cerrar las costuras laterales y volver la lengüeta del derecho.

6 ... Por último, deslizar cada lengüeta envolviendo un extremo de la cremallera y coser el canto abierto correspondiente.

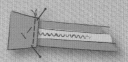

Tela exterior	Patrón "lateral" x 2
	Patrón "tira lateral" x 1, cortado siguiendo la raya de la tela
	Patrón "lengüeta" x 2, cortado siguiendo la raya de la tela
Tela de forro	Patrón "lateral" x 2
	Patrón "tira lateral" x 1, cortado siguiendo la raya de la tela
Entretela termoadhesiva	Patrón "lateral" x 2
	Patrón "tira lateral" x 1, cortado siguiendo la raya de la tela

Bolso ingenioso Washington

MÁRGENES DE COSTURA

Cortar todas las piezas de tela añadiendo 1 cm de margen de costura. Cortar el margen de costura en aquellas zonas en las que se utiliza la cinta al bies, como por ejemplo en el borde exterior del bolso y en los tres bolsillos abiertos.

Consejo

El bolso se compone de cuatro capas de tela; la capa 1 queda por el interior y sobre ella van cosidos los tres bolsillos abiertos. La capa 2 queda por el exterior del bolso; en ella se fijan las dos piezas del cierre.

INSTRUCCIONES

1... Rematar el borde superior de la pieza "bolsillos abiertos", ribeteándolo con la cinta al bies. Doblar el bolso en pliegues, siguiendo la dirección de la flecha. Doblar 1 cm hacia dentro el borde inferior y fijar con alfileres.

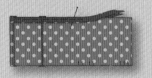

Coser las cuatro pinzas en la pieza "bolsillo con cremallera" y emplazar esta. Doblar 1 cm hacia atrás el borde superior del bolsillo con cremallera y coserlo en la cremallera. Coser igualmente el borde inferior de la tira de tela estrecha del bolsillo con cremallera.

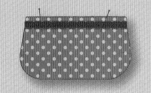

2... Coser las piezas de los bolsillos abiertos y del bolsillo con cremallera colocados sobre el derecho de una pieza de tela 1. A la vez, coser los bolsillos abiertos por el borde inferior (plegado hacia atrás) y entre los pliegues. El borde exterior de la pieza se cose casi al ras del canto. A continuación, doblar hacia atrás el borde superior del bolsillo con cremallera y coserlo por este borde; pespuntear también el borde exterior de esta pieza casi al ras del canto. En el caso del bolso con flores, en lugar de coser los pequeños bolsillos abiertos, coser la lámina de plástico transparente (hule) en una cremallera y después todo junto en el neceser.

3... Alinear una pieza de tela 1, revés con derecho, sobre la pieza de tela 1 indicada en el paso 2. Los bolsillos quedan ahora cubiertos; el lado derecho de la tela queda arriba. Coser el borde de la abertura para la cremallera, después realizar un corte en forma de Y y deslizar la tela exterior a través de la abertura, por detrás de la pieza con los bolsillos cosidos. Las capas de tela 1 y 2 están terminadas.

Tela 1	Patrón "bolso" x 2
	Tira x 2, de 2 x 20 cm (cierre)
	Patrón "bolso" x 2
Tela 2	Patrón "bolsillos abiertos" x 1, cortado siguiendo la raya de la tela
	Patrón "bolsillo con cremallera" x 1

GRADO DE DIFICULTAD 3

TAMAÑO
28 x 46 cm (28 x 16 cm, cerrado)

MATERIALES
BOLSO ROJO
Tela 1: tela de algodón revestida de color rojo y blanco a cuadros, de 70 x 50 cm

Tela 2: tela de algodón revestida de color rojo y blanco moteada, de 80 x 70 cm

Cinta al bies de color rojo, de 2 cm de ancho y 2,50 m de largo

2 cremalleras de color rojo, de 28 cm de largo

Arandela plateada, de 2 cm Ø

Hebilla de desenganche rápido de color negro, de 2 cm de largo

Ballena de 4 mm de ancho y 30 cm de largo

BOLSO CON FLORES
Tela 1: tela de algodón revestida de color blanco y naranja con flores, de 70 x 50 cm

Tela 2: tela de algodón revestida de color amarillo y blanco con estampado retro, de 80 x 70 cm

Cinta al bies de color naranja, de 2 cm de ancho y 150 cm de largo

Cinta al bies de color naranja vivo, de 2 cm de ancho y 150 cm de largo

3 cremalleras de color naranja, de 28 cm de largo

Lámina de plástico transparente (hule), restos

Arandela plateada, de 2 cm Ø

Ballena de 4 mm de ancho y 30 cm de largo

PLIEGO DE PATRONES A

4... Coser la cremallera por detrás de la segunda capa de tela.

5... Colocar ahora la tercera capa de tela detrás de la segunda capa; el lado del derecho de la tela señala hacia las otras telas. Seguidamente, coser juntas la segunda y la tercera capas de tela por encima de la cremallera; a unos 8 mm por encima de esta costura, realizar otra costura. Insertar la ballena entre las capas de tela, por entre las dos costuras; en caso necesario, recortar la ballena al tamaño adecuado.

6... Alinear, derecho con derecho, las dos tiras del cierre y cerrar los lados alargados; después volver del derecho la tira tubular obtenida. Cortar un trozo de unos 8 cm de la tira, pasarlo a través de la pieza inferior de la hebilla de desenganche rápido, doblar el extremo inferior hacia atrás y coserlo sobre el derecho de la pieza de tela 2 que queda. Doblar hacia atrás el extremo abierto del resto de la tira tubular y coserlo en la marca inferior de la pieza de tela.

7... Colocar la pieza de tela detrás de las otras tres capas de tela, de modo que la hebilla de desenganche rápido señale ahora hacia fuera y el lado del revés de la tela señale hacia las otras telas. Coser junto el borde de las cuatro capas de tela para evitar su deslizamiento. A continuación, coser la cinta al bies en el borde exterior, doblar hacia dentro el extremo final de la cinta al bies y coserlo. Fijar una arandela en la zona marcada en el extremo superior del neceser; de este modo es posible colgar el bolso de un gancho. Colocar la segunda pieza de la hebilla de desenganche rápido en la tira del cierre, doblar dos veces hacia atrás el extremo abierto y rematarlo.

Consejo   Las ballenas son varillas de plástico que se utilizan para reforzar corsés. Antiguamente, estas varillas se elaboraban con las "barbas" o láminas bucales de las ballenas, pero en la actualidad se suele utilizar plástico. Con estas varillas se refuerzan muy bien los bolsos. En este caso, además, evitan que el neceser se doble hacia delante al colgarlo de un gancho en la pared.

Kuala Lumpur
Páginas 88–89

GRADO DE DIFICULTAD 2

TAMAÑO
122 x 19 x 5 cm

MATERIALES
Tela exterior 1: tela de algodón estampada de color mora, de 117 x 30 cm

Tela exterior 2: tela de algodón de color marrón, de 20 x 60 cm

Tela de forro 1: tela de algodón de color rosa con círculos, de 25 x 80 cm

Tela de forro 2: tela de algodón de color fucsia, de 35 x 50 cm

Entretela termoadhesiva: fliselina H 250, de 50 x 62 cm

Cremallera de color fucsia, de 12 cm de largo

Cremallera de color gris y marrón, de 15 cm de largo

Botón magnético plateado, de 1,8 cm Ø

2 enganches de mosquetón plateados, de 3 cm de largo

2 anillas pequeñas plateadas, de 2 cm Ø

Plantilla para flores yoyó, grande y pequeña

PLIEGO DE PATRONES B

Bolso fino Kuala Lumpur

MÁRGENES DE COSTURA

Cortar las piezas, añadiendo 1 cm de margen de costura. En los rectángulos y las tiras de tela, el margen de costura viene incluido en las medidas indicadas.

	Patrón "bolso" x 1
	Patrón "solapa" x 1
Tela exterior 1	Rectángulo para el bolsillo exterior x 1, de 14 x 16 cm
	Tira para la correa x 1, de 3,5 x 117 cm
	Flor yoyó grande x 1
	Patrón "solapa" x 1
	Patrón "pasador" x 2
Tela exterior 2	Rectángulo para el bolsillo exterior x 1, de 14 x 16 cm
	Flor yoyó pequeña x 1
	Patrón "bolso" x 1
Tela de forro 1	Rectángulo para el bolsillo interior x 1, de 16 x 15 cm
	Flor yoyó grande x 1
	Rectángulo para el bolsillo interior oculto x 2, de 17 x 35 cm
Tela de forro 2	Flor yoyó pequeña y grande x 1 (para cada una)
	Patrón "bolso" x 2
Entretela termoadhesiva	Patrón "solapa" x 2
	Patrón "pasador" x 2

INSTRUCCIONES

1... Aplicar con la plancha cada pieza "bolso" de entretela termoadhesiva colocada sobre la tela exterior 1 y la tela de forro 1; después recortar con margen de costura. Aplicar ahora con la plancha cada pieza "solapa" de entretela termoadhesiva colocada sobre la tela exterior 1 y la tela de forro 1, y recortar igualmente con margen de costura.

2... Utilizar el rectángulo correspondiente para el bolsillo exterior (cortar la tela exterior 1 de manera que el dibujo quede integrado en el dibujo del bolso). Alinear, derecho con derecho, las piezas de tela y coserlas juntas; dejar una abertura para dar la vuelta en el canto superior. A continuación, dar la vuelta a la tela, planchar y prenderla con alfileres sobre la pieza "bolso" de tela exterior, como se muestra en la figura. Pespuntear los cantos laterales y el canto inferior de la tela. Montar un bolsillo interior oculto a unos 2 cm por encima del bolsillo exterior (ver la página 105), con la cremallera de 12 cm de largo.

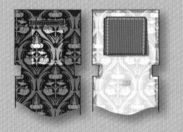

3... Confeccionar ahora los pasadores para el cinturón: recortar dos piezas "pasador" de entretela termoadhesiva, aplicarlas con la plancha sobre la tela exterior 2 y recortar con margen de costura. Doblar la tela por los lados cortos, alrededor de la entretela, planchar y pespuntear. A continuación, plegar la tela, derecho con derecho, y coser a lo largo de los cantos alargados superiores. Dar la vuelta a la tela y alisar con la plancha, con la costura situada en el centro del reverso.
Colocar los pasadores sobre la tela exterior (ver las marcas en el pliego de patrones), prender con alfileres y coser el canto superior e inferior (de cada pasador).

4... Coser un bolsillo interior en la tela de forro: doblar dos veces hacia dentro unos 7 mm todos los cantos exteriores del rectángulo correspondiente, alisar con la plancha y pespuntear. Coser el rectángulo en la pieza del forro. Montar encima un bolsillo interior oculto con la cremallera de 15 cm (seguir las instrucciones y el consejo de la página 105).

5... Cortar dos piezas "solapa" de entretela termoadhesiva; situarlas sobre la tela exterior 1 y la tela exterior 2 y aplicarlas con la plancha; recortar con margen de costura. Poner, derecho con derecho, la solapa de tela exterior 2 (con el canto superior unido a los pasadores) sobre la pieza del bolso de tela exterior 1. Coser la solapa en la pieza del bolso.Después coser la solapa de tela exterior 1 en la tela de forro por el lado con cremallera. Planchar las costuras.

6... Alinear la pieza del bolso y la pieza del forro, derecho con derecho, y prender con alfileres. Coser juntas las solapas y los cantos superiores que sobresalen y pespuntear igualmente el canto situado en el lado contrario (ver la marca azul en la figura inferior).

Exterior

Interior

Colocado
derecho
con
derecho

7... Seguidamente, doblar todo de modo que la tela exterior y la tela de forro queden alineadas derecho con derecho, con la solapa entre medias. Pespuntear todos los cantos laterales; dejar una abertura de unos 12 cm en un lado de la tela de forro para después dar la vuelta al bolso. Coser igualmente las pinzas de las esquinas.

8... Dar la vuelta al bolso completo y alisar todas las piezas con la plancha. Planchar también la abertura y coserla. Introducir después el bolso de tela de forro dentro del bolso de tela exterior. Para que el bolso quede más plano doblar hacia dentro los cantos exteriores, como muestra la figura de abajo.

9... Fijar la pieza plana del botón magnético en la solapa del bolso; cerrar la solapa, elegir la posición de la pieza complementaria del botón magnético y marcar el lugar. Coser la otra pieza del botón en el bolsillo exterior.

10... A continuación, confeccionar las flores yoyó (seguir las instrucciones del fabricante). Distribuir las flores sobre el bolso y la solapa y coserlas a mano. Se recomienda ocultar con una flor las costuras del botón magnético de la solapa.

11... Confeccionar una cinta con la tira larga de tela exterior 1 (ver las instrucciones de la página 110). Doblar la tira formando una correa estrecha, planchar y pespuntear a lo largo de los dos cantos. Fijar en los extremos unos enganches de mosquetón pequeños. Fijar las dos anillas, a derecha e izquierda, en el canto superior del bolso, justo en la zona donde comienza la solapa. Las anillas se pueden ocultar fácilmente dentro del bolso si este se lleva enganchado en un cinturón con los pasadores realizados antes. Si se desea llevar el bolso colgando, simplemente se engancha la correa en las anillas del bolso por medio de los enganches de mosquetón.

Instrucciones generales

En este capítulo se incluye toda la información necesaria sobre telas, su tratamiento y corte y el equipamiento básico. A quienes no tengan mucha experiencia en labores de costura, se les recomienda leer las páginas siguientes antes de empezar a confeccionar su bolso; pero los más experimentados también encontrarán aquí valiosos consejos y trucos para la elaboración de bolsillos interiores, asas fuertes o adornos con efectos llamativos.

Las herramientas perfectas

TIJERAS

Para cortar las telas se recomienda utilizar unas buenas tijeras de sastre, que pueden adquirirse en tiendas especializadas. Estas tijeras no deben usarse en ningún caso para cortar papel, pues se desafilan fácilmente. También es muy importante tener unas tijeras pequeñas para cortar los hilos y los márgenes de costura antes de volver del derecho la tela. Para cortar los patrones de papel basta usar unas tijeras sencillas de cortar papel.

CINTA MÉTRICA

La cinta métrica es necesaria en los trabajos de costura para medir los largos y las distancias. Además, resulta muy práctica para adaptar la longitud de las asas de los bolsos y dibujar los márgenes de costura.

ALFILERES

Hay alfileres de diferentes modelos, con grandes cabezas de plástico o pequeñas cabezas metálicas. Para confeccionar los bolsos de este libro se recomienda utilizar alfileres con cabeza metálica pequeña; abultan muy poco y se puede coser sobre ellos sin ningún problema con la máquina de coser.

AGUJAS PARA COSER A MANO

Se necesitan para hilvanar las telas; para esta sencilla labor se recomienda una aguja fina con un ojo pequeño.

DEDAL

El dedal protege el dedo corazón al coser a mano, por ejemplo cuando hay que pinchar una aguja con mucha fuerza para que atraviese una tela gruesa. Hay dedales de diferentes grosores; los abiertos, al estar ventilados, suelen ser más cómodos.

PAPEL ENCERADO

Para transferir los patrones puede utilizarse, en lugar de un papel especial para patronaje, un sencillo papel encerado. En piezas pequeñas (como por ejemplo bolsillos), este papel suele ser suficiente.

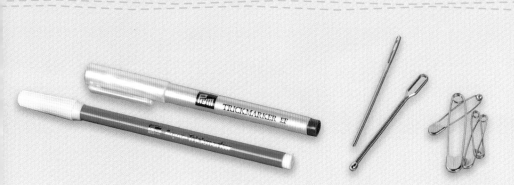

MARCADOR VOLÁTIL Y MARCADOR SOLUBLE EN AGUA

Estos marcadores son muy apropiados para dibujar detalles sobre la tela. Las señales del primer marcador desaparecen solas después de un breve periodo de tiempo y las del segundo, se eliminan con el lavado. Se recomienda probar antes el marcador en un resto de tela.

PEGAMENTO DE CONTACTO

Es perfecto para unir cuero con tela. El pegamento se aplica en ambas piezas y después se presionan estas una contra otra; de este modo, el cuero ya no se desliza al coser.

CÚTER GIRATORIO

Con el cúter giratorio, de diferentes tamaños, se pueden cortar las telas con bastante rapidez y exactitud; además, es muy práctico para tiras y formas geométricas. Para proteger la mesa, conviene colocar debajo una alfombrilla de corte.

JUEGO DE AGUJAS TUBULARES PARA VOLVER

Este tipo de agujas facilitan la labor de dar la vuelta a tiras tubulares estrechas, como por ejemplo las asas o correas de un bolso.

PEGAMENTO TEXTIL

Un lápiz fijador al agua y una barra de pegamento textil facilitan la fijación de telas, ribetes, aplicaciones, cremalleras, etc., sin necesidad de utilizar aguja ni hilo. El pegamento aplicado con el lápiz fijador es de color amarillo y desaparece al secarse. Ambos tipos de pegamento son lavables y no dejan rastro. Se recomienda su uso únicamente si se va a lavar el bolso después de aplicar el pegamento.

AGUJA PASACINTAS E IMPERDIBLES

Sirven para pasar cinta elástica o cordones. La punta redondeada de la aguja pasacintas se puede utilizar también para dar forma a las esquinas cosidas.

VUELVE-PUNTAS

Para dar forma a las esquinas se utiliza el extremo en punta y para adaptar curvaturas y bordes de costuras, el extremo redondeado.

DESCOSEDOR

Una herramienta práctica para separar costuras de forma fácil sin dañar la tela.

Máquina de coser

La máquina de coser es, naturalmente, la herramienta más importante para confeccionar los bolsos. Si tenemos pensado comprar una no hay que elegirla solo por el precio; especialmente para los principiantes es fundamental que la máquina de coser sea resistente y fácil de manejar y no es preciso que lleve incorporadas un montón de funciones complejas; en la mayoría de los casos basta con que tenga entre 6 y 10 tipos de puntos de costura diferentes. Al comprar una máquina de coser merece la pena solicitar un buen asesoramiento para saber qué funciones son las realmente necesarias. Tal vez se disponga todavía de un viejo modelo o se reciba de regalo una máquina de coser antigua, lo que podría ser una buena alternativa para no comprar una nueva. Se recomienda llevar a revisar la pieza antigua a un servicio técnico de máquinas de coser para tener una máquina fuerte y de confianza.

Hilos de costura

Existe una amplia oferta de hilos para diferentes proyectos de costura, en distintos modelos y longitudes. Aunque un hilo en oferta resulte atrayente, se recomienda tener siempre en cuenta la calidad. Los hilos baratos pueden estar fabricados con hebras cortas que se rompen rápidamente y generan una costura irregular por su tendencia a formar nudos. La mayoría de las bobinas de hilo tienen en un lado una acanaladura en la que se puede insertar el extremo del hilo, lo que evita que este se desenrolle al guardarlo. Algunas bobinas, en lugar de la acanaladura, presentan una muesca; si se insertan bobinas de este tipo en el portacarretes de la máquina de coser, la muesca debe colocarse en sentido contrario a la dirección del hilo, para que este no se enganche al coser. Para las labores de costura normales es recomendable utilizar en la máquina de coser, arriba y abajo, hilo de la misma calidad.

LOS TIPOS DE HILOS MÁS IMPORTANTES

HILO DE COSER MULTIUSO

Este tipo de hilo se compone normalmente de poliéster y resulta muy adecuado para casi todas las telas y proyectos de costura. Queda bien cosido, es ligeramente elástico y muy resistente.

HILO DE ALGODÓN PURO

Utilizar el hilo de algodón puro para materiales naturales como el algodón y el lino.

HILO DE HILVANAR

El hilo de hilvanar posee una resistencia mínima, se emplea por lo general para hacer costuras provisionales.

HILO TORZAL

El hilo torzal es muy apropiado para coser ojales a mano y pespuntes decorativos con relieve; asimismo se usa para coser materiales fuertes como el cuero.

HILO DE RAYÓN PARA COSER A MÁQUINA

Este hilo, compuesto por viscosa de alta calidad, dota a los bordados de un brillo elegante y sedoso; destaca por su resistencia y la solidez del color.

Consejo Elegir un hilo con un matiz más oscuro que el color de la tela, para que no se note. Si se desea conseguir algún efecto decorativo, escoger un color de hilo que contraste con el color de la tela.

Cierres

Conviene elegir con sumo cuidado los cierres para un bolso. Pueden servir únicamente para cerrarlo, quedando disimulados con el color de este, o bien añadir un toque decorativo mediante el contraste de colores. Los modelos confeccionados artesanalmente tienen un acabado más bonito si se les añaden accesorios originales.

CREMALLERAS

Hay cremalleras con diferentes longitudes, colores y grosores. Van provistas de dientes metálicos o de plástico. La cinta suele ser de algodón, de mezcla de algodón o de poliéster. Debe adaptarse al grosor de la tela y a las características del bolso.

BOTONES AUTOMÁTICOS, ARANDELAS Y REMACHES

Si se utiliza mucho este tipo de cierres, merece la pena adquirir unos alicates multiuso. Los cierres magnéticos son muy adecuados para los bolsos. Conviene reforzar el lado del reverso de la tela con Fixier-Stickvlies (fijador para aplicaciones o bordados) o entretela termoadhesiva antes de colocar los cierres, para que después no se rompan al abrir y cerrar el bolso.

Consejo Los botones forrados con tela de lino se pueden teñir a gusto personal. Con rotuladores textiles es posible realizar pequeños diseños, combinando los tonos cromáticos preferidos.

Reunir y reciclar botones es divertido y permite ahorrar dinero. Antes de desechar alguna prenda, quitarle todos los botones. Para poder localizarlos mejor, enfilar los botones iguales en un hilo y guardarlos así en una caja.

Cuánta tela utilizar

En las instrucciones de costura suelen encontrarse, por lo general, recomendaciones de uso junto con las cantidades necesarias de tela; esas cantidades dependen del ancho de la tela. Si la tela elegida tiene otro ancho, antes de comprarla se pueden colocar los patrones, por ejemplo, sobre un mantel doblado con el ancho correspondiente para hacer la prueba y así medir la cantidad de tela que se va a necesitar. En el caso de algunas telas, como las que tienen raya (es decir, dibujo en un sentido, como la pana), cuadros irregulares o líneas, al alinear los patrones, todas las flechas que marcan la dirección del hilo de la tela deben señalar en el mismo sentido; de este modo las medidas de la tela se pueden aumentar según el tamaño del bolso. Se recomienda tener en cuenta las siguientes particularidades:

La tela

Para casi todos los modelos de bolsos de este libro se han utilizado telas de algodón. Se trabaja muy bien con ellas porque son fáciles de marcar para el corte, no requieren cuidados especiales y sus cantos se deshilachan poco.
Regla general: cuanto más grande sea el bolso, más fuerte ha de ser la tela.

TELAS CON RAYA

Materiales como la felpa, el terciopelo, el terciopelo elástico, el borreguillo, el velvetón y la pana tienen en la superficie pequeñas lazadas o ganchitos. En este tipo de telas, el pelillo de la superficie se nota al pasar la mano sobre ellas. Si las fibras se encrespan, es que se ha pasado la mano en sentido contrario a la dirección de la raya del tejido. Por el contrario, si se pasa la mano en el sentido de la raya del tejido, todos los ganchitos se alinean en una dirección y la superficie de la tela presenta un tacto liso. Al cortar la tela, todas las piezas deben colocarse en el mismo sentido, de modo que la dirección de la raya sea idéntica para todas. Si no se hace así, las piezas presentan después un tono diferente dependiendo de la caída de la luz sobre la tela. Por otro lado, las piezas de tela deben pespuntearse en el sentido de la raya del tejido siempre que sea posible.

TELAS ESTAMPADAS

Algunas telas tienen motivos estampados, como por ejemplo flores, animales u ornamentos, todos alineados en la misma dirección. En este caso también deben colocarse todos los patrones sobre la tela en el mismo sentido, pues de lo contrario algunos motivos pueden aparecer invertidos en el modelo terminado.

Antes de comenzar a trabajar o cortar la tela, se recomiendo lavarla y plancharla siguiendo las instrucciones del fabricante sobre el cuidado del tejido. Especialmente el algodón y el lino suelen encoger un poco con el lavado. Las telas no lavables y las cremalleras de algodón conviene plancharlas con la plancha de vapor o debajo de un paño húmedo. También las cintas requieren un tratamiento previo. Los objetos decorativos que no van a ser lavados no necesitan un cuidado previo de los materiales.

TELAS A CUADROS

En los tejidos con cuadros simétricos (tela de abajo en la fotografía), la simetría de los diseños permite colocar los patrones para cortar la tela en las dos direcciones. En los cuadros asimétricos (tela de arriba en la fotografía) las líneas no quedan alineadas a lo largo, por lo que los patrones deben colocarse sobre la tela en una misma dirección. Al doblar telas a cuadros hay que tratar de que las rayas transversales y las rayas longitudinales coincidan exactamente en las costuras.

TELAS A RAYAS

En principio se aplica la misma regla para las telas a rayas que para las telas a cuadros. Si la tela tiene un diseño de rayas asimétricas (tela de arriba en la fotografía), los patrones se colocan sobre la tela solamente en una dirección y en el caso de rayas simétricas (tela de abajo en la fotografía), se disponen en ambas direcciones. Procurar que las rayas, en todas las piezas cortadas, coincidan en la misma dirección, horizontal o verticalmente.

Consejo A los principiantes se les recomienda elegir, para confeccionar su primer bolso, telas unicolor o con un diseño poco complicadro, sobre las que sea posible disponer los patrones en ambas direcciones. Eso facilita el corte de la tela. Además, así resulta más sencillo concentrarse en la costura, pues no es necesario poner atención en que los dibujos de la tela casen exactamente.

Consejo Las máquinas de coser con un dispositivo de transporte de tela doble guían la tela al mismo tiempo por arriba y por abajo. Al coser telas a rayas o a cuadros, se debería accionar también el dispositivo de transporte superior, pues así evitamos que la tela se mueva. El diseño queda después exactamente en la costura.

Corte de las telas

Una vez elegida la tela adecuada, hay que calcar los diferentes patrones del pliego de papel, prenderlos con alfileres sobre la tela y después cortarlos, señalando los márgenes de costura y otras marcas eventuales.

LOS TÉRMINOS TÉCNICOS MÁS IMPORTANTES

DIRECCIÓN DEL HILO DE LA TELA

En las telas tejidas, a los hilos que discurren a lo largo se les denomina hilos de urdimbre y a los que discurren a lo ancho, hilos de trama. La dirección del hilo de urdimbre señala la dirección del hilo del tejido y, normalmente, va paralelo al orillo o canto rematado de la tela. Si en un resto de una tela ya no se puede apreciar ningún orillo y la dirección del hilo es difícil de reconocer, tirar, si es posible, de un hilo en un borde para señalar la dirección. En los patrones, la dirección del hilo de la tela viene marcada con flechas; si no se indica otra cosa, van paralelas al hilo de la tela.

CORTAR AL HILO

Para cortar cantos rectos exactos, conducir las tijeras a lo largo de un hilo o entre dos hilos.

EL DOBLEZ DE LA TELA

En las piezas de patrones simétricos suele representarse solamente medio patrón. Un canto recto marca el eje en el que el patrón ha de completarse como una imagen especular. Este canto suele venir marcado como "línea de doblez de la tela" y/o marcado mediante una línea discontinua. Para completar la mitad contraria que falta y sin necesidad de costura, se pliega la tela antes de cortarla. El canto recto de la pieza del patrón se alinea exactamente sobre este pliegue, llamado doblez de la tela, y después se recorta la pieza de la tela plegada en doble. En las telas tejidas, el doblez de la tela coincide con la dirección del hilo de la tela.

LADO DEL DERECHO Y LADO DEL REVÉS

La superficie bonita que queda visible por el exterior, una vez terminado el modelo, se denomina derecho de la tela, y el lado del reverso se llama revés de la tela.

DERECHO CON DERECHO

La pieza de tela se alinea con el lado del derecho colocado sobre el lado del derecho de otra pieza de tela. Es decir, los lados del revés de la tela señalan hacia el exterior.

MARGEN DE COSTURA Y DOBLADILLO

Estos añadidos son los bordes de tela entre la línea de la costura (= línea sobre la que se cose) y el canto de corte. Deben dibujarse antes de cortar la tela. Se recomienda incluir siempre un margen de costura de 1 cm.

Nota Tener en cuenta que algunos patrones, como por ejemplo los de bolsos de fieltro, incluyen ya márgenes de costura. Esta nota aparece junto al modelo respectivo.

ORILLO

Los orillos son los cantos laterales a lo largo que se crean al tejer una tela y que discurren paralelos al hilo de la tela. Los orillos están rematados y, al contrario que los cantos de corte, no se deshilachan. Como son más duros que el resto de la tela, solo se utilizan en las piezas como márgenes de costura.

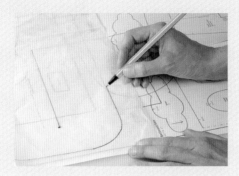

CALCAR LOS PATRONES

Para ahorrar espacio, los patrones suelen representarse en un gran pliego, solapados los de un proyecto con los de otro. Por esta u otras razones, puede ser práctico no recortar el patrón del pliego, sino calcarlo; para este fin se vende en las tiendas especializadas un papel especial para patrones, pero también puede utilizarse papel de seda, papel transparente y papel encerado. Colocar el papel sobre el patrón o el dibujo. Si se trata de un gran pliego de patrones, es habitual que muestre pliegues debido a que va doblado; conviene alisarlo antes con una plancha sin vapor. Repasar todas las líneas, marcas y anotaciones de los patrones con un rotulador o un lápiz y a continuación, recortar los patrones calcados. En caso de que los patrones vayan a utilizarse más de una vez, se pueden reforzar pegando por el reverso un papel grueso, por ejemplo papel de embalar. Para los motivos más pequeños resulta muy práctico usar una plantilla de cartulina. Transferir los contornos sobre la cartulina con papel de calcar y después recortar la plantilla con cuidado.

MONTAR LOS PATRONES SOBRE LA TELA

En primer lugar, planchar la tela y colocarla lisa y sin pliegues. Poner atención en que todos los patrones estén situados correctamente en la dirección del hilo. Los patrones se montan siempre sobre el revés de la tela para poder marcar allí los márgenes de costura y otras marcas adicionales. Poner primero los patrones grandes y después los pequeños; dejar distancia entre los diferentes patrones para marcar los márgenes de costura. Para aprovechar de forma óptima la superficie de la tela empleada, puede ser útil ir cortando las piezas poco a poco y volver a plegar un nuevo doblez de la tela. Para los patrones asimétricos de un solo uso, colocar simplemente la tela debajo, y para piezas que se van a utilizar dos veces, poner la tela en doble y cortar ambas piezas juntas. Para comprobar si las piezas están alineadas correctamente siguiendo la dirección del hilo, medir en ambos extremos desde la dirección del hilo marcada en el patrón hasta el canto de corte o el orillo y marcar cada punto con un alfiler (ver la fotografía).

La distancia de los dos extremos de la flecha debería ser igual.

Para obtener la mitad de un patrón, doblar recto un lado de la tela, de modo que las piezas del doblez de la tela resultante puedan superponerse alineadas exactamente una sobre otra. Al doblar la tela, el lado del derecho queda siempre por el interior. Antes de montar los patrones sobre la tela conviene medir en varios puntos la distancia del doblez hasta el orillo situado arriba; de este modo garantizamos que la tela esté plegada en el sentido del hilo y no torcida.

Prender con alfileres el contorno del patrón sobre la tela, dejando libre la línea de corte. En las telas plegadas en doble hay que tener cuidado de que los alfileres se fijen en las dos capas de tela. En el cuero o en el paño encerado, quedan visibles los agujeros de los alfileres al pincharlos, por ello es mejor fijar los patrones con cinta adhesiva o con unos clips.

Consejo En el caso de trabajar patrones para telas que tengan dibujos complicados, como cuadros o rayas, es preferible marcar con un rotulador resistente al agua sobre una lámina transparente para patrones; de este modo, al cortar las piezas de tela, la dirección del diseño se ve mejor que con un patrón de papel convencional.

Si se utiliza una gran cantidad de papel o de lámina para patrones, en los almacenes de material de construcción se pueden encontrar alternativas más baratas, como las láminas de polietileno o de cañamazo. Se recomienda probar con trozos pequeños y elegir una calidad entre media y fuerte.

Una vez efectuado el corte de la pieza de tela
y antes de retirar el patrón de papel, hay que
transferir sobre la tela las líneas de las costuras
(contornos) y todas las marcas señaladas en el
patrón, incluyendo la dirección del hilo. Si más
adelante se va a planchar encima entretela
termoadhesiva, se deben alargar hasta los
márgenes de costura las marcas realizadas en el
borde del patrón, como por ejemplo puntos de
unión con otras piezas o mitad delantera y
trasera, para que queden bien visibles. Otra
alternativa es marcar estos puntos con pequeños
cortes en los márgenes de costura. Para transferir
las marcas existen diferentes posibilidades:

MARCAR LOS MÁRGENES DE COSTURA

En la mayoría de las piezas de los modelos
de este libro se han marcado los márgenes de
costura sobre la tela con una regla y un marcador
volátil o un jaboncillo de sastre; después se ha
cortado por las marcas señaladas. Si los márgenes
de costura están dibujados de manera uniforme,
los cantos de corte casarán exactamente al
coserlos. Para conseguir una costura recta, los
cantos de corte sirven de orientación; de este
modo nos podemos ahorrar un paso del trabajo:
el de transferir las líneas de costura.

CORTAR LAS PIEZAS DE TELA

Cortar la tela a lo largo del canto del papel
o de las marcas pintadas, utilizando unas tijeras
de sastre afiladas. Levantar las tijeras lo menos
posible para impedir que los cantos de corte se
muevan. Fijar la tela con la mano libre,
situándola muy cerca de la línea de corte, y
trabajar siempre realizando cortes largos.

MARCAS SOBRE UNA TELA
DE DOBLE CAPA

Colocar un trozo de papel de calcar de sastre, con
el lado tintado hacia arriba, sobre una superficie
plana. Disponer encima la pieza de tela. Pasar la
ruleta marcadora primero a lo largo del canto del
papel para transferir así las líneas de costura;
después pasar la ruleta sobre el resto de las
marcas. Ahora las líneas quedan visibles por la
capa de tela inferior y se puede retirar el patrón
de papel.
Alinear ambas capas de tela una sobre otra,
unirlos con alfileres y no prender ninguna línea
marcada. Dar la vuelta a la tela y volver a
colocarla sobre el papel de calcar, de modo que
las líneas copiadas queden ahora arriba. Repasar
de nuevo las líneas con la ruleta marcadora para
transferirlas sobre la segunda capa de tela
situada ahora abajo. Si hay que marcar al mismo
tiempo dos o más piezas de tela, del derecho
y del revés, la transferencia de las marcas queda
muy exacta utilizando este método de la ruleta
marcadora, que se recomienda especialmente
para telas finas y delicadas en las que no es
posible calcar.

Consejo Una herramienta muy útil para marcar telas de doble capa es la ruleta marcadora paralela. Al transferir los patrones, este tipo de ruleta marca al mismo tiempo sobre la tela las líneas de costura y las líneas de los patrones; para ello posee una segunda ruedecilla dentada, con diferentes márgenes ajustables, que marca automáticamente los márgenes con la distancia correcta hasta la línea de costura.

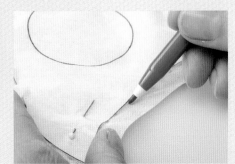

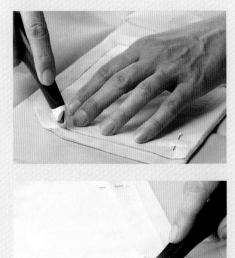

MARCAR SOBRE EL DERECHO DE LA TELA

Las marcas para los ojales o los puntos en los que hay que fijar las aplicaciones se transfieren sobre el lado del derecho de la tela, pues más adelante se trabajarán sobre ese lado. En las telas plegadas en doble, los lados del derecho siempre se colocan por el interior. Prender con alfileres el patrón de papel en los puntos respectivos, fijando ambas capas de tela; seguidamente desdoblar la capa de tela exterior y marcar los dos puntos de los pinchazos del alfiler con jaboncillo de sastre o marcador volátil.

Consejo Si un proyecto se compone de muchas piezas, marcar cada pieza por el revés con una anotación en cinta adhesiva. De este modo, se facilita un orden y la pieza que precisamos se encuentra rápidamente.

MARCAR SOBRE UNA CAPA DE TELA SIMPLE

Marcar la línea de costura a lo largo del canto del papel con jaboncillo de sastre o marcador volátil. Para transferir las marcas, pinchar alfileres en los puntos respectivos a través del papel y de la tela, levantar con cuidado el patrón de papel hasta el alfiler y marcar el pinchazo del alfiler por el lado del revés de la tela. Si también deben quedar visibles del lado del derecho de la tela, marcar simplemente los agujeritos de los alfileres (ver la fotografía).

Entretelas

Las entretelas se utilizan para reforzar o dar volumen a determinadas partes del bolso. Hay entretelas no tejidas y entretelas tejidas, para aplicar con la plancha o para coser. Entre las marcas es famosa la fliselina. Al elegir una entretela conviene tener en cuenta tanto la calidad como las características de planchado y cuidado de la tela. Las entretelas termoadhesivas que se fijan con la plancha son muy populares, pues se trata de materiales fáciles para trabajar. La oferta de entretelas es muy variada; la regla general es: cuanto más grande sea el bolso, más resistente ha de ser la entretela utilizada. En la siguiente lista se incluye información sobre las entretelas empleadas en este libro.

S 320/S 520

Entretela ligera y fuerte para telas decorativas y telas de algodón, denominada también entretela de bastidor. Muy apropiada para cestitos de tela, bolsos y trabajos de manualidades.

H 250

Entretela termoadhesiva gruesa para reforzar telas compactas. Aplicar la entretela con la plancha colocada sobre el revés de la tela y con la capa adhesiva hacia abajo.

H 630

Una entretela con volumen que da al bolso un efecto guateado y una superficie uniforme y firme.

DECOVIL I

Entretela que se aplica con la plancha y presenta un tacto similar al cuero. Es resistente, no se arruga y los cantos de corte no se deshilachan.

Se han utilizado además las siguientes entretelas termoadhesivas:

FLISELINA VLIESOFIX

Entretela no tejida que se fija muy bien con el calor de la plancha. Muy adecuada para colocar aplicaciones.

LAMIFIX

Lámina termoadhesiva, transparente y lavable. Se utiliza para confeccionar neceseres y bolsos que, si es necesario, pueden limpiarse simplemente pasando un paño húmedo.

THERMOLAM

Entretela con volumen resistente al calor, muy apropiada para confeccionar los pequeños bolsos para guardar el almuerzo de las páginas 80 y 81, pero también muy adecuada para las manoplas de cocina. El Thermolam no lleva capa adhesiva; se fija aplicando pegamento textil en aerosol.

 Consejo De forma artesanal se puede confeccionar una entretela perfecta para bolsos de tamaño mediano: una capa de entretela termoadhesiva H 250 o S 320 y encima H 630. En las zonas de fijación de las asas y la base del bolso se recomienda utilizar Decovil I planchado directamente sobre la tela del forro; de este modo, el bolso adquiere un tacto maravilloso y la estabilidad adecuada.

REFUERZOS CON FLISELINA (entretela no tejida termoadhesiva)

En los patrones y las instrucciones casi siempre se indica qué piezas deben ir reforzadas con un determinado tipo de entretela; las entretelas termoadhesivas son las más fáciles de manejar: tienen un lado adhesivo granulado que se une a la tela por medio de la plancha, impidiendo que se muevan. En las entretelas de fliselina suelen venir las instrucciones de planchado impresas en los cantos. Conviene hacer previamente una prueba en un resto de tela para ensayar su adherencia.

Cuero

¡Trabajar con cuero es más fácil de lo que parece! Lo mejor es probar primero con un cuero fino para ver si se cose bien en la máquina de coser; un cuero fino es la mejor opción cuando se deben coser varias capas de cuero.

El cuero no se deshilacha, por lo que no necesita remates ni dobladillos. Para que el material no se deslice al coserlo, aplicar un pegamento de contacto especial en el cuero y en la tela y dejar secar un poco; después, presionar fuerte una pieza contra la otra y esperar un tiempo para que se fijen.

CORTAR LA FLISELINA

Para cortar la fliselina, colocar los patrones de papel respectivos sobre esta teniendo en cuenta la dirección del hilo, igual que en la tela. Si se va a trabajar la mitad de un patrón, poner en doble la fliselina e introducir el patrón en el doblez. Al colocar piezas de patrones asimétricas, debe situarse más tarde el lado adhesivo granulado de la fliselina sobre el lado del revés de la tela; si los patrones se colocan sobre el lado granulado, hay que girarlos y cortarlos como una imagen especular.

Todas las piezas de entretela de los bolsos se cortan sin márgenes de costura, evitando así que las costuras queden después demasiado abultadas.

PLANCHAR LA FLISELINA

Colocar la pieza cortada de fliselina con el lado granulado sobre el lado del revés de la tela y planchar según las instrucciones de planchado. Siguiendo las indicaciones del fabricante, planchar paso a paso o deslizar la plancha despacio, presionando en cada área algunos segundos. Dejar enfriar unos 20 minutos las piezas de tela con entretela antes de proseguir el trabajo.

Consejo Para coser el cuero se recomienda elegir una longitud larga de puntada. Utilizar una aguja del n.º 90 o una aguja especial para coser cuero. Además, un prensatelas de teflón facilita la costura. Si se utiliza cuero sintético es preferible que no sea demasiado elástico.

Botones forrados de tela

Si no encuentra ningún botón adecuado en la mercería puede confeccionar sus botones personalizados con poco coste y forrarlos con telas, cintas y otros materiales moldeables. Se venden botones simples de latón o de plástico, de diferentes tamaños. El forrado de botones resulta muy fácil con un paquete preparado que se adquiere en los comercios especializados y que contiene dos piezas de herramientas de plástico adicionales.

1... Cortar el patrón del reverso del paquete. Transferir el contorno con un lápiz sobre el revés de la tela y cortar después la pieza de tela.

2... Poner la pieza de tela, con el lado del derecho hacia abajo, sobre el molde de plástico blanco. Presionar encima el botón, con el lado curvado hacia abajo, dentro del orificio. Colocar hacia dentro los cantos de tela que sobresalgan y, si es necesario, fijar con una aguja en los dientes.

3... Situar encima el reverso del botón, de modo que la inscripción PR señale hacia arriba, y luego presionar con la cápsula de plástico azul hasta que encaje.

4... Por último, extraer el botón terminado por la parte inferior del molde.

Consejo Cómo transformar los botones en pequeñas obras de arte: antes de forrar el botón, adornar el centro de la pieza de tela con pequeñas cuentas de rocalla, lentejuelas o piedras de strass. Los pequeños bordados crean también efectos muy decorativos y con la máquina de coser se hacen en poco tiempo.

Consejos importantes al coser un bolso

PLANCHAR

El planchado es la parte esencial de la costura. Se recomienda alisar con la plancha todas las costuras, lo que facilita las siguientes. Planchar las telas siempre del revés para evitar puntos brillantes y no dañar la superficie de la tela. Un viejo dicho afirma que "un buen planchado es media labor de costura hecha".

CORTAR LOS MÁRGENES DE COSTURA

Para que las costuras queden lisas y bien colocadas, antes de dar la vuelta al bolso deben recortarse un poco los márgenes de costura.

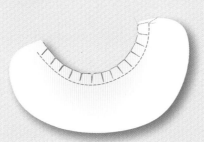

Las esquinas se cortan en diagonal. Conviene no cortar muy cerca de la costura; se recomienda dejar unos 2 mm de distancia; de este modo no se producen abultamientos en la esquina al darle la vuelta.

Realizar cortes rectos o piquetes en los arcos interiores, para que este tipo de costuras queden planas al dar la vuelta al bolso. El arco del canto de la tela es más pequeño que el arco de la costura. Sin los cortes, el margen de costura se tensaría y se crearían arrugas, originando un antiestético abultamiento bajo la costura.

Antes de dar la vuelta a los arcos exteriores se realizan varios cortes con forma de V. En este caso tampoco se debe cortar hasta la costura, sino dejar 2 mm de distancia.

COSER ESQUINAS Y CURVATURAS

1... Para coser la esquina en una pieza recta, realizar un corte de unos milímetros en la tela en la esquina, prender con alfileres en la tela inferior, como se muestra en la figura, y coser. Procurar que la costura discurra junto al corte y este no quede visible al dar la vuelta a la pieza.

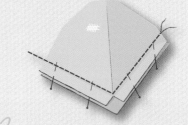

2... Para coser una curvatura, realizar varios cortes en la tela recta, colocarla alrededor de la curvatura y pespuntear. Tratar de que la costura discurra junto a los cortes y de que estos no queden visibles al dar la vuelta a la pieza.

Coser bolsillos interiores

COSER UN BOLSILLO INTERIOR SENCILLO

MATERIALES
Tela de algodón, de 25 x 16 cm

PLIEGO DE PATRONES A

Tela de algodón   Patrón "bolsillo interior para el móvil" x 1

1... El patrón se puede adaptar a la altura y anchura de su bolso. Doblar dos veces hacia atrás el borde superior de la tira de tela y pespuntear muy cerca del canto.

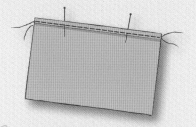

2... Disponer la tela en pliegues en la dirección de la flecha y prender con alfileres.

3... Doblar un poco hacia atrás los bordes laterales y el borde inferior de la tela y prender con alfileres en las zonas del bolso (en la tela de forro) que se prefiera. Por último, coser el bolsillo por los laterales, por el borde inferior y entre los pliegues.

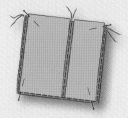

COSER UN BOLSILLO OCULTO CON CREMALLERA

MATERIALES
Cremallera, de 16 cm

Tela para el bolsillo interior x 2, de 16 x 18 cm

Consejo En lugar de dos trozos de tela (aquí de 16 x 18 cm) se puede utilizar una única pieza grande con el doble de tamaño (en este caso, de 32 x 18 cm) y plegarla simplemente por abajo. La zona en la que se va a recortar el agujero puede reforzarse aplicando fliselina (H 250) sobre el revés de la tela. Para una cremallera de 16 cm de largo se requiere una tira de entretela de unos 18 x 3 cm.

1... Alinear, derecho con derecho, el trozo de tela para el bolsillo interior sobre la tela del bolso. Después coser a máquina un rectángulo a lo largo, de 1 x 15 cm más o menos, uniendo así las telas. Hacer con las tijeras un corte en forma de Y en ambas telas, como se muestra en la figura. A continuación, pasar la tela con el bolsillo interior completo a través de la abertura y colocarla sobre el reverso de la tela del bolso; alisar todo bien con la plancha.

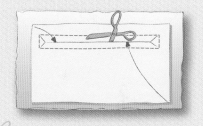

2... Colocar detrás de la abertura una cremallera de un color que combine con el bolso y coser alrededor del lado del derecho, uniendo así la cremallera y la tela del bolso.

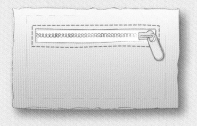

Coser las asas del bolso

ASAS DEL BOLSO REDONDAS

3... Dar la vuelta a la tela y coser en el reverso un trozo de tela de forro sobre la tela de forro ya cosida.

4... Coser después por el contorno las dos piezas de tela de forro. Atención: no unir con esta costura la tela del bolso.

**MATERIALES
PARA 2 ASAS**

4 tiras de tela, de 70 x 8 cm

2 tiras de entretela termoadhesiva fuerte (H 250), de 70 x 8 cm

Manguera de jardín o cordón de caucho, de 7 mm Ø y de 1 m de largo

PLIEGO DE PATRONES A

Tela exterior	Patrón "asa" x 4
Entretela termoadhesiva	Patrón "asa" x 4

1... Aplicar con la plancha la entretela termoadhesiva (sin margen de costura) colocada sobre la pieza de tela correspondiente (con margen de costura). Alinear cada dos tiras de tela, derecho con derecho y coserlas juntas. Dejar una pequeña abertura para dar la vuelta. Dar la vuelta a las asas, planchar y coser a mano la abertura.

2... Plegar cada tira por la mitad y luego coser juntos los dos cantos exteriores entre las marcas "la costura hasta aquí".

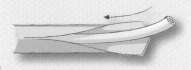

3... Cortar un trozo de manguera de jardín de unos 48 cm e introducirla dentro de la tira tubular hueca (asa), hasta que no se vea por el exterior (en caso necesario, cortar un poco la manguera). Fijar los extremos de la manguera cosiendo unas puntadas en la tela para impedir que el tubo se deslice fuera. Atención: al curvar el asa, la manguera puede deslizarse algo hacia fuera; basta con cortarla un poco.

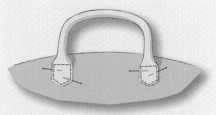

4... Curvar el asa y coser los dos extremos en el bolso, como se muestra en la figura. Si se desea, se puede fijar un remache en el centro de las costuras.

Consejo Para las asas de cuero, recortar el patrón "asa" sin añadir margen de costura. Después, trabajar siguiendo las instrucciones de los pasos 3 y 4.

CORREAS PLANAS

1... Colocar la tira de entretela termoadhesiva en el centro de la tira de tela y aplicar con la plancha. Doblar hacia dentro los márgenes de costura de los lados alargados y planchar de manera que la tira de tela tenga el mismo ancho que la de entretela.

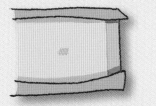

2... Rematar los extremos: situar los extremos de la tira, derecho con derecho, según se muestra en la figura y luego pespuntear los márgenes de costura. Dar la vuelta a la correa de modo que los márgenes de costura desaparezcan en el interior.

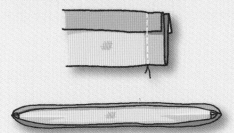

3... Doblar a lo largo toda la tira y alisar bien con la plancha; después pespuntear el lado abierto. Se puede pespuntear también el otro lado, pero no es necesario.

4... Para fijar la correa, prender con alfileres los extremos de la misma en las zonas del bolso que correspondan. Seguidamente, pespuntear con una costura doble un cuadrado con una costura de refuerzo en forma de cruz en el centro.

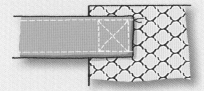

TERMINAL PARA LOS EXTREMOS DE LOS CORDONES

1... Confeccionar el fijador de la anilla con forma de D con una tela a juego con el bolso. Transferir sobre el cuero los patrones "terminal para los cordones" y "fijador de la anilla con forma de D" y recortar sin margen de costura. Perforar los agujeros con el punzón, como se ve en la figura.

Coser adornos

ROSA TEJIDA

2... Colocar un extremo del cuero alrededor del cordón y pasar la anilla con forma de D sobre el cuero. Luego colocar el segundo extremo del cuero alrededor del extremo del cordón. Los agujeritos del cuero deben quedar exactamente superpuestos. Coser la pieza de cuero en el cordón con el hilo y ya tenemos listo el terminal.

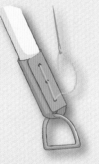

3... Pasar el fijador de la anilla con forma de D a través de esta, doblarlo y coserlo en el bolso. En caso necesario, reforzar la pieza con un remache.

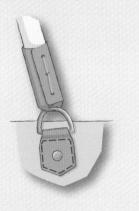

1... Primero transferir las marcas del patrón sobre el círculo de fieltro. Después perforar los agujeros para el imperdible y pincharlo a través de ellos. Unir con hilo de coser los cinco agujeros exteriores (del contorno) y el agujero central, pasando el hilo en forma de estrella. Los hilos quedan visibles por la parte delantera del círculo de fieltro, pero por la parte trasera quedan ocultos en el fieltro.

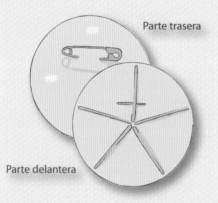

Parte trasera

Parte delantera

2... Fijar el segundo imperdible en un extremo de la tira de tela y sujetar en el centro el otro extremo de la cinta. Después entretejer la cinta en círculo, pasándola por encima y por debajo de los hilos, como se ve en la figura. Retirar el imperdible del extremo de la cinta y deslizar esta por debajo de la cinta entretejida. En caso necesario, estirar las cintas sobre el círculo de fieltro y fijar a mano con una costura simple. Por último, coser las cuentas glaseadas en el centro. Fijar la rosa con el imperdible sobre el bolso.

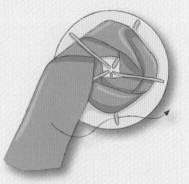

MATERIALES

Círculo de fieltro de color rojo oscuro, de 3 mm de grosor y 6 cm Ø

Tira de tela (o cinta de organza) de color rojo oscuro, de 2,5 cm (4 cm) de ancho y 1,5 cm de largo aprox.

Hilo de coser resistente de color rojo oscuro

Aguja de coser y 2 imperdibles

De 3 a 5 cuentas glaseadas (opcional)

PLIEGO DE PATRONES A

FLOR CON CREMALLERAS

1... Abrir del todo las dos cremalleras
y cortar los tiradores. Recortar una cremallera
en tres trozos, a lo largo, para confeccionar los
pétalos.

2... Enfilar un punto de hilván sencillo en
cada uno de los seis trozos de cremallera.

3... Recortar un círculo de fieltro de 6 cm.
Fruncir los trozos de cremallera tirando del
hilván y después coserlos en el círculo de fieltro
a modo de pétalos, como se muestra en la figura.

4... Enfilar un punto de hilván sencillo en
las dos piezas largas de la cremallera, fruncir
el hilo y coser las piezas en espiral en el centro
de la flor, empezando desde el exterior.

PORTALLAVERO

Aplicar con la plancha la fliselina Vliesofix
en el reverso de la tela y recortar un trozo
de 2,5 x 24 cm, coserlo a continuación sobre
el portallavero y contornear el borde con
una costura decorativa de ojal.

Confeccionar y montar una cinta al bies

CONFECCIONAR UNA CINTA AL BIES

MATERIALES
Tela de algodón

Plegadora de cintas al bies

Plancha

Aguja larga de bordar

1... Para una cinta al bies de 1,5 cm de ancho, cortar una tira de tela de 3,5 cm de ancho. Si se quiere trabajar una cinta al bies flexible, se debe cortar esta tira al bies, es decir, con un ángulo de 45 ° respecto a la dirección del hilo de la tela. Si las tiras de tela son más cortas que la cinta al bies deseada, se pueden coser seguidas. No olvidar alisar bien la costura con la plancha.

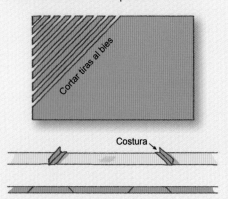

En algunos casos, se puede utilizar también una cinta al bies cortada en recto. El corte al bies es necesario únicamente si la cinta se va a montar sobre curvas cerradas o esquinas (por ejemplo, en la cartera de la página 78). Si no es así, cortar la tira de tela siguiendo la dirección del hilo.

2... Deslizar la tira a través de la plegadora de cintas al bies (o utilizar un prensatelas especial en la máquina de coser, como se muestra a la derecha). Una aguja larga para bordar puede resultar de mucha ayuda. En cuanto aparezcan los primeros centímetros por el otro lado de la plegadora, planchar inmediatamente la tira plegada; proceder del mismo modo a distancias de unos 10 cm: tirar de la tela a través de la plegadora, plancharla, tirar más y planchar, y así sucesivamente.

3... Para acabar, plegar de nuevo a lo largo la tira terminada y alisar con la plancha para poder envolver con ella el canto de la tela.

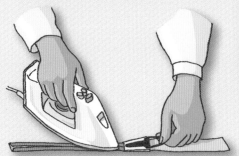

COSER UNA CINTA AL BIES

Para coser la cinta al bies de manera rápida y sencilla existen prensatelas especiales. Muchos fabricantes de máquinas de coser ya los ofrecen adaptados a sus máquinas. En los modelos antiguos, se puede recurrir a un prensatelas estándar, que se fija en los orificios roscados de la máquina de coser.

Puntos de costura

PUNTO DE HILVÁN

Se trata del punto clásico. Pinchar la aguja en la tela desde abajo hacia arriba, realizar una puntada de entre 2 y 4 mm, volver a pinchar la aguja hacia abajo, llevarla otra vez hacia delante y así sucesivamente. Se puede jugar con la longitud de las puntadas y la distancia entre ellas.

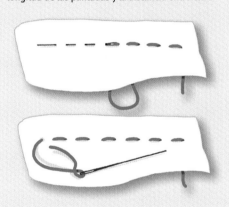

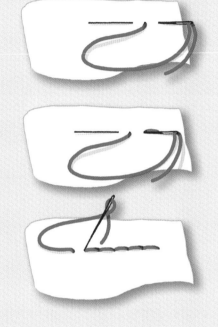

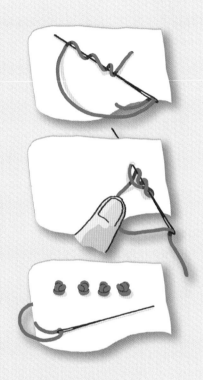

PUNTO DE PESPUNTE

Ideal para coser líneas continuas de derecha a izquierda: pinchar la aguja al comienzo a través de la tela, desde abajo hacia arriba. Después pinchar la aguja hacia abajo, por detrás del punto de salida de la puntada anterior, y pinchar de nuevo la aguja hacia arriba, por delante del punto de salida de la puntada anterior. Para realizar una nueva puntada, la aguja se pincha en el punto de salida de la puntada anterior. De este modo se obtiene una línea continua. Se pueden realizar puntadas muy pequeñas, de 1 o 2 mm, pero cuando se trabaja con diseños más grandes y telas más gruesas, conviene utilizar puntadas de entre 5 a 10 mm de longitud.

PUNTO DE NUDO

Se utiliza para realizar puntos bordados. Pinchar la aguja en la tela desde abajo, enrollar tres veces en la aguja el hilo de bordar y volver a pinchar la aguja hacia abajo, muy cerca del orificio anterior; presionar la lazada de hilo sobre la tela y pasar despacio todo el hilo hasta que la lazada se transforme en un pequeño nudo de forma redondeada.

Miriam Dornemann llegó a su profesión soñada de diseñadora gráfica después de un breve periodo trabajando como funcionaria. Tras un tiempo de descanso dedicado a su hijo Johannes, ha retomado su trabajo creativo de diseñadora e ilustradora. Sus aficiones deben esperar a veces hasta horas tardías del día, pero entonces no hay quien la pare y Miriam pinta, cose y trabaja en sus proyectos con fieltro o con papel.

Desde niña ha realizado labores de costura, primero confeccionando vestidos para sus muñecas y bolsos sencillos, y después sus propios vestidos y... muchos bolsos. En esta misma editorial ha publicado *Bolsos de tela con diseños fantásticos*. En su blog se incluyen más ideas para trabajar con papel y tela: www.mirid.de

Malwina Ulrych, nació en 1989 y es una persona que disfruta de la vida a través de sus múltiples talentos. En su juventud descubrió el arte y la artesanía y se dedicó a diferentes disciplinas como literatura, música, teatro, escultura, gestión cultural y, por supuesto, diseño y costura, que aprendió de su abuela, con su amor por las telas y todo lo artesanal. Después del bachillerato y un breve paso por la Universidad de Heidelberg, decidió dedicarse por completo a actividades creativas y se hizo artesana autónoma. Nació en Polonia y creció en Alemania y, desde hace casi dos años, reside en Holanda. Además de su trabajo creativo, le encanta la lectura, la meditación y la espiritualidad, la naturaleza y los viajes. Más información en www.malwina.me

Agradecimientos

Agradecemos a las firmas Coats (Kenzingen), reudenberg Vliesstoffe (Weinheim), Rayher (Laupheim) y Westfalenstoffe (Münster) por su amable ayuda con los materiales.

Editora: Eva Domingo

Publicado por primera vez en Alemania por Frech-Verlag GmbH, bajo el título: *Noch mehr tolle Taschen selbst genäht* de Miriam Dornemann y Malwina Ulrych.

© 2012 *by* frechverlag GmbH, Stuttgart, Alemania, Topp 6762

© 2013 de la versión española
by Editorial El Drac, S.L.
Marqués de Urquijo, 34. 28008 Madrid
Tel.: 91 559 98 32. Fax: 91 541 02 35
E-mail:info@editorialeldrac.com
www.editorialeldrac.com

Proyectos: Miriam Dornemann, págs.:1-4, 8/9, 14-16, 20, 22, 34-39, 50, 52/53, 59, 60, 64, 67, 72-74, 80-85; Malwina Ulrych, págs.: 5, 10-13, 17-19, 24, 27-33, 40-45, 48/49, 51, 55, 56, 61, 63, 70/71, 75-79, 87.

Fotografías: frechverlag GmbH, 70499 Stuttgart; Malwina Ulrych, pág.: 112 (retrato), Miriam Dornemann, págs.: 93 (máquina de coser), 110, 112 (retrato); lichtpunkt, Michael Ruder, Stuttgart (todas las demás).

Ilustraciones: Miriam Dornemann, págs.: 6/7, 21-23, 35, 36-39, 46/47, 59, 60, 64-69, 81-86, 102, 104-106, 107 (derecha), 108/109; Ursula Schwab, Schwab Illustrationen, Handewitt, págs.: 25-29, 31, 32, 40-45, 54-57, 62/63, 77, 78, 88/89, 107 (izquierda), 110/111.

Diseño de cubierta: José María Alcoceba
Traducción: Cristina Rodríguez
Revisión técnica: Esperanza Rodríguez

ISBN: 978-84-9874-326-5
Depósito legal: M-7.431-2013
Impreso en Gráficas Muriel, S.A.
Impreso en España – *Printed in Spain*